我们大部分人为了追求舒适，都会刻意与他人保持相应的距离（除非是与我们很亲近的人）。

与他人相距太近,我们会认为不舒服，而太远，我们又觉得不够友善。

所谓人际高手就是让人舒服

[美]乔治·戴德 著（GEORGE DIETER）
李菲 译

I Power:
The freedom
to be me

江苏凤凰文艺出版社
JIANGSU PHOENIX LITERATURE AND ART PUBLISHING LTD

图书在版编目（CIP）数据

所谓人际高手　就是让人舒服 / (美) 乔治 · 戴德 (GEORGE DIETER) 著；李菲译. -- 南京：江苏凤凰文艺出版社, 2018.7

书名原文: I power: The freedom to be me Guide to Caring for Self While Caring for Others

ISBN 978-7-5594-1511-0

Ⅰ. ①所… Ⅱ. ①乔… ②李… Ⅲ. ①心理交往 - 社会心理学 Ⅳ. ①C912.11

中国版本图书馆CIP数据核字（2017）第309374号

著作权合同登记号　图字：10-2017-623

书　　名	所谓人际高手　就是让人舒服
作　　者	[美] 乔治 · 戴德
译　　者	李　菲
责任编辑	邹晓燕　黄孝阳
出版发行	江苏凤凰文艺出版社
出版社地址	南京市中央路 165 号，邮编：210009
出版社网址	http://www.jswenyi.com
发　　行	北京时代华语国际传媒股份有限公司　010-83670231
印　　刷	三河市宏图印务有限公司
开　　本	880 × 1230 毫米　1/32
印　　张	8
字　　数	152 千字
版　　次	2018 年 7 月第 1 版　2018 年 8 月第 2 次印刷
标准书号	ISBN　978-7-5594-1511-0
定　　价	42.00 元

前言

请想象如下场景。一个名叫詹姆斯的男人，工作到很晚，开车回家的路上，突然想要买一束鲜花送给妻子，但他不想随随便便买一束，他想要一束特别的花（很可能是下意识的广告发挥了作用）。于是，他下了车，去找他认为能够取悦妻子的花，他想通过这束花告诉她，她对他有多么重要。找了很久，才找到他想要的花，他很开心——只不过花了一大笔钱。

詹姆斯到家后，将自己精心挑选的爱的礼物送给了妻子，但是，她的反应却出乎他的意料。事实上，她的反应非常糟糕——她露出了很痛心的表情。他所期盼的可不是这样的反应。

“你知道的，我不喜欢把不同的花混在一起。我告诉过你多少次了？”她看上去很不理解的样子，“你有什么目的？为什么突然给我买花？”

这跟他所期盼的反应完全不同。

“没什么，真的！我，我只是认为你会喜欢而已，”他回答，现在他也觉得很受伤。

如果你是詹姆斯或者詹姆斯的妻子，你会有什么感受，你会不会感到沮丧、恼怒？还是有挫败感？感到被误解了？所有这些感受是不是听起来很熟悉？也许你也有过类似的经历——像詹姆斯一样，买一些特别的花送给妻子以示爱意，一到家就热切地将花束送给她，这正是他想做的。那既然他做了自己想做的事，为什么却一点也不开心呢？难道他不应该开心吗？事实上，他的感受正好与此相反。他的妻子正在电话里跟母亲哭诉，而他送的鲜花则被扔进了垃圾桶。

这是一个典型的案例，告诉我们：当没有人能“让”我们快乐的时候，我们该怎样依靠他人获得快乐——事实上，没有人让我们感受到什么，我们每个人的感受都是由自己负责的，所以也应对我们每天遇到的事件做出的反应负责。

当我们将控制情绪的权利拱手交给他人时，我们就会感到人际关系变得紧张，这种感觉会让我们不堪重负、焦虑，甚至是抑郁。

在本书中，我将从神经心理学的角度来探索这些观念，并告诉读者们，如何理解“你能控制自己的情绪反应”——也就是说，理解“你”在哪里终止，“另一个人”在哪里结束，掌握边界的概念——可以帮助你获得对情绪的掌控感，身边人会感觉舒服，你的人际关系也会流畅。

本书重点关注那些令我们感到悲伤、感到很有压力，并让我们焦虑不安、抑郁，让我们对自己的人际关系乃至自己感到不满的状况。我将重点介绍人类需求的一个特定方面，即对幸福的渴盼——无论幸福对你而言意味着什么。

在本书中，我不只是解释为什么我认为“边界”在我们的日常交流中扮演了如此重要的角色，我还会依据已知的大脑结构知识，来分析大脑各部分对我们日常活动有什么作用。了解了这些知识，我们也就能够明白为什么我们会做出某些特定的行为和反应——这些特定的行为和反应，会让我们及周边的人有挫败感，感到慌张。作为一位有数年经验的心理学家，我还利用了近百年来心理学实验研究的成果，来与读者一起探讨。

本书一共分为两个部分。

第一部分，我们详细了解了心理学上“边界”的概念，并探究了其真正含义。抓住“边界这个理念也就抓住了所有人际关系问题的元凶”自我的力量（我称之为 I-Power）与情绪释放之间的关系，是边界心理学的基础。为了阐述两者之间的关系，我将简单介绍大脑的基本构造，以及它们的组织方式。这能让你们更容易理解，为什么“边界”并不只是帮我们理解并掌控世界的哲学或心理学观念，还反映出大脑中更简单的构造是怎样应对突如其来的外界刺激的。如果你已经熟悉了大脑边缘系统的基本功能和应激反应机制的知识，你可以选择略过这第一部分的内容。

第二部分，我们才步入正题，探索在让我们感到不堪重负的日常情景中，心理学上“边界”的概念。这也是搞定所有人际关系问题的关键我们将利用第一部分的内容来看看我们是怎样因特定的事件而感到有压力的（在亲密关系中，在朋友关系中，当我们想要获得幸福的时候，或者我们感到恼怒的时候），并了解一下，为什么对“边界”的理解能够减少这种压力感。我们还会认识到，我们为什么会对某些情景做出合理或情绪化的反应，这些反应是怎样产生的。最后，我向你们提出一些能够有效缓解负面情绪的建议。

让你们更换掉自己的陈旧观念之前，我想要先做出几点声明和解释，以免产生误解，我相信，这些新的观念能够改变你们的生活。

理智和情绪的互动是人类成长过程中的正常反应。然而，我认为，情绪化思维和理性思维是两个对立面，就像《星际迷航》中的斯波克先生一样。我们的最佳状态就是均衡利用自己的情绪和理智。为了让读者们明白均衡利用自己的情绪和理智的作用，本书提供的都是这种平衡遭到破坏的场景，更确切地说，我们是想要通过这些场景，让读者了解一种基本情绪：恐惧。

近千年来，恐惧已经衍生出了更为复杂的表现方式，还衍生出了我们如今所经历的多种不同情绪，也有了更为复杂难辨的伪装。我认为，这些不同的称谓在本质上其实都是一样的，只不过在表达上有所不同，例如对死亡的恐惧（或者求生的意志），可以表现为恼怒、有攻击性、悲伤或其他过度的情绪反应，虽然它们听上去不尽相同，但表现都是相似的。

目录

PART 2
知深浅，懂进退，有边界：没有什么人际关系是搞不定的

生活中，我们处处可见怼天、怼地、怼空气的“杠精”，永远像个长不大的孩子一样的“妈宝”，大包大揽、错把牺牲当作爱的“圣母”，总想操控他人生活而不自知的“控制狂”，一味地丧失自我边界去迎合他人的“讨好型人格”，等等。这些边界意识模糊不清甚至无视心理边界的人，往往是公众场合大家避之唯恐不及的对象。

美国著名心理学家卡耐基也曾说过：“一个人事业上的成功，只有 15% 取决于他的专业技术，另外的 85% 则要依赖其人际关系的质量。”职场中，真正消耗甚至拖垮我们的，并非工作难度本身，而是我们在工作中遇到的人。有边界意识，才能成为职场赢家。

PART 1

人际关系问题的元凶：心理边界模糊不清

第1章

所谓心理边界，就是人际关系中的黄金分割点

当你将人类行为的生理和心理学动机层层剥离，只剩下最基本的内容时，你就会得到一个简单的概念：能量。任何行为，无论是生理上的（即动作）、精神上的、情绪上的还是头脑中的（大脑中的神经元被激活了），只有得到了能量才能产生。

最简单的行为，是我们为了维持自己的生命（寻找食物）或避免成为其他生物的食物而进行的，只有基本的生命安全有了保障，我们才会去寻欢作乐。我们最初的情绪就是恐惧——担心挨饿或被其他生物吃掉，这让我们做出了对抗或逃跑的反

应，我有时会称之为“抵抗或躲避”反应。（详见第 2 章）

近千年来，对抗或逃跑的反应已经衍生出了越来越复杂的形式，都是关于我们是如何释放这种“恐惧能量”的。我们不再需要详细地阐述这些形式，只举几个典型的例子——例如朝某人扔书，惹恼他人，或者直接避开争论，不予理睬。

我们已经习惯于将行为与情绪等同起来：某人在大声喊叫，那他肯定生气了。因此，对他人行为的这种理解也就会影响到我们与他们交流的方式。

我们倾向于根据自己看到的东西来做出某种行动（在上述情境中，就是那个人在生气），并以此作为测量标准，来衡量以后所遇见的所有人和事。我们遇到的问题和困境，都是因为这种原则成了我们对事物的理解、对未来的希望和期待的驱动力。

要理出你所遇到状况中的问题，（我称之为“树顶”方式），就像要从一件羊毛衫上理出一根羊毛纤维一样麻烦。但是，如果你首先了解了导致麻烦出现的原理——不遵守“边界”限制的行为——那就没有这么麻烦。相反，你会很快认识到自己“越过”了“边界”，并重新调整好自己的态度和行为。

我对“边界”概念的认识越深刻，跟我的客户解释得越多，我就越发认识到它与呼吸的相似性。我们的自主呼吸并不需费多大力气，因此我们也只是在觉得呼吸困难的时候，才明白呼吸的重要性，才知道呼吸会因多种方式而变得紊乱。与此类似，当我提出“边界”的概念时，人们都露出一副无所谓的表情；这很简单，我们不会重视它。

那么，我所说的“边界”是什么意思？我们都知道，我和你是不一样的，我也不是你，你自然也不是我，那么我们也就明白了，“我”和“你”以及世界上的其他人都是不一样的，这些不同之处就是你与他人的“边界”。确实，弄明白人与人之间、事物与事物之间的“边界”，会让我们的生活更加简单。生活中也是存在“边界”的，我们的问题就是，要认识并接受这些“边界”，并让自己的行为保持在“边界”之内。

这是一条众人皆知的理论。

如果你能告诉自己，我已经知道这一点了，那么，你就站在了正确的轨道上。我在本书中提到的，我认为更为有效的理论都是大家容易接受的，并不会要求你们抛弃以往的思维模式，而接受全新的、非同一般的理念。有了这些对“边界”的理解和认识，一旦遇到困境，我们就能够区分什么是“我的问题”，什么是“你的问题”，而不会产生内疚感。这一差别就是“边界”理论的核心内容，有时候，我称之为“边界焦点”。

如今的许多心理学辅导似乎都涉及树顶式分析：专家们总是先分析遇到的状况、问题和行为，并提供多种方式去解决存在的问题（也被称之为“问题案例”）。然而，出现问题时，我们想通过专家提供的方式去找答案，却总会遇到其他的问题。

我发现，对于那些困惑不已或已经疲倦于寻找答案的人而言，树顶式分析并不能为他们提供多少帮助。这种方式可能还会让解决方案比最初的问题更复杂——因为这可能引出寻找答案的人之前所未曾想到的新问题，并不能真正为他们提供解决问题的方法，不会减轻他们的压力。

缓解压力

新客户进入我的咨询室后，总会感觉紧张、窘迫，我就和他们聊一些其他话题——能够让他们感觉更轻松、更舒适、更自在的话题。

在很多情况下，要了解他人在焦虑和紧张时的脑部活动，就要鼓励他们放松下来，这时，焦虑紧张的人会发现，他们并没有陷入“绝境”。这种方法对来做心理咨询的客户非常实用，会让他们明白，他们并没有失去理智，他们的头脑还在如常运转。如果人意识不到自己的大脑在正常运转，他们就会试图抑制自己的焦虑和紧张，而不是试图探究症状发生的缘由。生活中遇到的任何问题，无论是与家人朋友相处还是在职场上与同事相处，都可以用这种方法去处理。

经过 20 多年的研究，我逐渐认识到，让我们焦虑紧张的，仅仅是一些基本的生活机制，它们解释了我们在做什么，为什么要这样做。

如果你开莫里斯·迈诺老爷车（英国一款老车品牌）或奔

驰，它们只能将你从一个地点送到另一个地点，它们都不会为你熨衬衫，为你准备晚餐和饮料。然而，这两种车随便你选一种，带给你的旅途体验都不同。同样地，当我们屈从于某些控制自身行为的原则时，我们就能成功解决一些复杂的问题，这些解决方式让我们的生活变得更加有趣，更加戏剧化，但却降低了我们行事的效率，而且有时并不一定要这样做。

我并不是说屈从某些原则是好还是不好。如果你是个浪漫主义的人，那就随性而为吧，你也可以根据自己的个性和品位来设计自己的生活方式。只有“设计”自己的生活，你才不会感觉你生活在一个运转的烘干机里，不清楚是谁在不停地按烘干机的按钮。人们去了心理医生的办公室之后，通常会有“像是生活在运转的烘干机里”的感觉。你咨询的时候，应该问的不是“这不对吗”，而应该问“究竟是怎么了”，或者更直接地问“有什么不适合我的吗？”

感觉不适应时，我就会做出改变，所以不适应是改变的先决条件，所以我要去适应这种“不适应”，同时要确保不能有太多不适应控制我的生活（这将防止我过分改变），只要能让我做出改变就好。就像著名童话《三只小熊》里熊宝宝的粥一样——金发女孩认为它的粥不冷不热，刚刚好。

我们来看看我在问诊咨询过程中遇到的三个案例，然后再思考一下，我在遇到类似案例的时候通常会问的一个相当令人深思的问题。

案例 1：亚伦

亚伦到我这儿来咨询的时候，抱怨说他的妻子总让他觉得“内疚、痛苦”。他什么也做不好，更糟糕的是，当他认为自己某件事“干得不错”的时候，他的妻子很快就会挑出其中的问题，让他觉得他又做错了！

案例 2：安妮和彼得

安妮和彼得是一对年轻的夫妇，他们看起来经济状况挺不错，穿着也很时髦。夫妻俩的收入颇丰，而且从表面上看起来，确实是堪称完美的一对儿。他们彼此交谈，甚至是抱怨对方的时候，都会与对方有眼神交流，然而妻子却总觉得丈夫有自己的小秘密。丈夫却说，他一直在尽可能地对妻子忠诚，只不过有时候会忘记交代一些小细节，因为他认为那些并不重要，他也承认，有时候，他选择不对妻子坦白一切，是为了保护她，不让她太过焦虑担心。而妻子却对此很不满，甚至感觉自己不能再相信丈夫了。她抱怨丈夫让她没有安全感，而丈夫却说，妻子让他觉得自己做得还不够，让他很内疚，他甚至怀疑这样做是不是值得。

案例 3：波林

波林是一位中年女士，她来我这里是想咨询与她母亲相处的问题，她认为母亲让她觉得痛苦。无论她做什么，母亲都会抱怨，总说她不想要女儿这样做，或者说女儿哪里做得不够好，哪里又太过分了。波林说母亲总是抱怨，从不倾听，对任何人都不会好言好语相待。“她让我觉得沮丧，”波林的第一句话是这样说的。

以上这些案例有什么共同点？案例的主角都认为，其他人“让”他们做了不想做的事，产生了不希望有的感觉。你可能也认为，是的，别人确实能让你产生某些不快的感觉。而我问他们的问题都是一样的：他们“让”你怎么了？他们都做了什么“让”你不快的事？他们怎么会“让”你有你所说的感觉的呢？

我认为，没有人能够让你产生任何感觉、想法，或让你去做任何事。在案例 3 中，母亲怎么“让”女儿做什么呢？如果我要求你做些什么，我可以要求你出于好心、人道以及信仰——或用任何我认为可以促使你去做的手段，如拿一把枪抵着你的头。这最后的一种方式通常被视作极端做法，也只有在争吵过程中才会出现。

事实上，你最终会因为我的要求、请求或威胁而做出决定。即便是用枪来逼迫你，尽管受到的威胁过于严重，但你最终按不按我的要求去做，决定权还在于你。想一想从古至今的那些烈士们，他们宁愿去死也不放弃自己的追求。没有人会“让”他们做出这种抉择，他们都是自愿的。

不确定的结果

无论你面临什么样的境况（即便是最极端的），你是唯一能够控制你自己生活的人。但是，无论你做出的抉择导致了什么结果，那都不是你能够控制的——而这也是我们大多数人的问题所在。我们都不喜欢不确定，我们都想知道接下来会如何发展，我们更想要控制接下来的发展状况。不过正如一句玩笑所说的那样：你想要让上帝发笑吗？那就把你的计划告诉他吧。

我们都有这种错误的观念：总是担心别人会否定我们的行为，这给我们的生活制造了不少麻烦。换言之，我们做了某件事后，总是希望别人做出我们所预期的那种反应。如果别人没有这样做，我们就会责备自己或他人，结果导致双方的矛盾。还记得前言里的詹姆斯吗？他给妻子送了一束花，而妻子却质问他为什么要这么做。他忘记了自己想要送花的真正理由：他希望妻子会喜欢这些花，希望妻子明白，他是想通过送花来表达对妻子的爱。他认为，妻子会很开心，也会很感激他。

正如你在上文所看到的，当我们有着涉及行为的意图和期望时，都会变得非常敏锐。我们总是根据我们做出行为时的感觉或期待，去想象其他人的想法和感觉究竟如何。然而，我们常常忽略自己的行为意图，不说出来。承认自己的行为动机简单，如“只要她开心，我就高兴”，然而这种行为往往会被人认为很幼稚。事实上，我们不说出自己的行为意图是不好的，而对于这一点，大家的观念可能都不一样。

总之，我们随后会对此展开更为详尽的阐述，即没有人有能力“让你高兴”，你只是为他们提供了 “让你高兴”的机会而已。

上帝情结

你能够“让”某人高兴或不高兴吗？有人能“让”你高兴或不高兴吗？

对这个问题，大部分人的答案都是“是的，我能让我的另一半高兴”或者“是的，我的另一半会让我不高兴”。当我按照如前所示的案例那样，问他们怎么会发生这样的事时，他们很快就明白，自己的回答还不够成熟。绝大部分人都无法清楚地解释，他们怎么让别人，或者别人怎么让他们感到高兴或不高兴。我要求他们举出事例来说明让他们感到高兴的事时，大部分人都发现，某些事能让他们高兴一段时间，但却无法让他们在任何情况下都感到开心。

上面这个问题的答案似乎是“视情况而定”。如果我情绪好的话，那么任何特别的事件和行动都能让我感到开心。无论何时何地，任何情况下都能让你开心的东西，被称为“幸福的配方”（我更愿意称之为满足）。如果是偶尔能让你开心，或大部分情况下能让你开心的东西，那我怎么知道（在你显然不开心的时候），这次它是否能让你开心呢？

以上问题的答案已经昭然若揭了，那就是幸福并不在于你为我做了什么，而在于我自己的感觉。除非我自己愿意，否则你不能改变我的情绪。

抱歉，你并没有自己想象的那样全能。

最重要的是，我为自己的感受负责，而你也为你自己的感受负责。更直白地说，接受者能不能接受不在于给予者的心意，而在于接受者的思想、感觉、期望和接受程度。

在本书中，我将用简单的图表说明，复杂的概念将如何转化成简单的符号，以便帮我们重新理清麻烦的状况。换言之，就是创造清晰的边界，让我们适用于自己所面对的真正情景。下文你将见到的两个圆圈就展示出“边界”的本质。每个圆圈代表的不仅是特定的人和实物，也可以是任何其他的问题和情境。

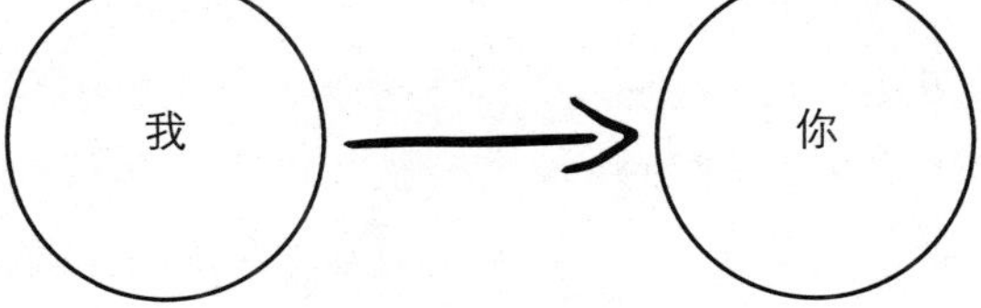

如果你打开心扉，让我进入，那么你就允许我来影响你，这样的话，我就能让你快乐。不过，其实，你的反应方式是由你决定的，你想要怎样，或者认为你应该怎样，那就怎样去做吧。

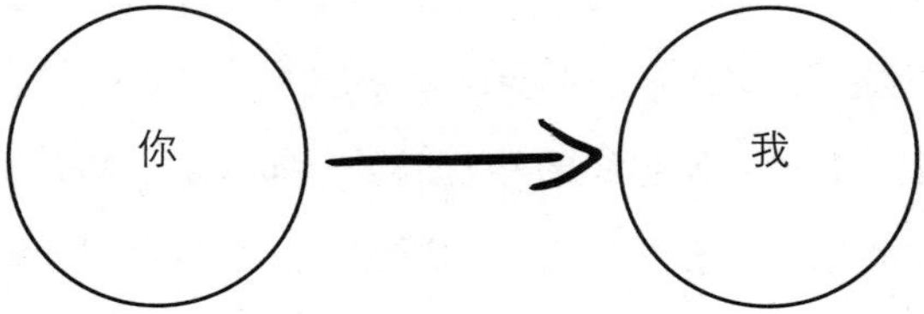

但是，如果你不接受我给你的任何影响，那么我对你说的话就会被遗忘，而我也不会继续做，这样，你就已经明白了“我”与“你”的边界，并且你会尊重这一“边界”。

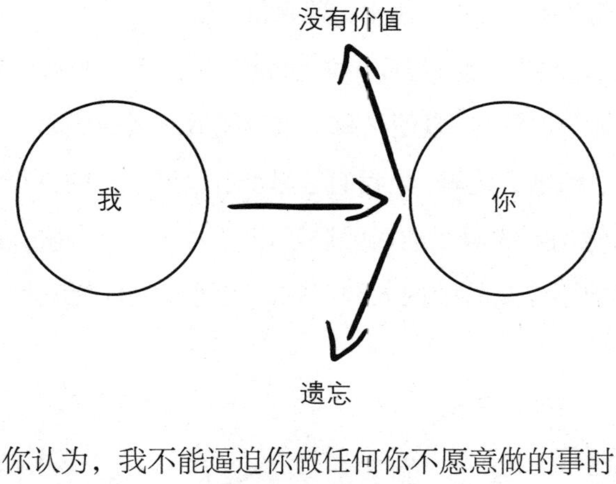

当你认为，我不能逼迫你做任何你不愿意做的事时，上面的逻辑非常合理。即便我用枪抵着你的头，而你还是会拒绝我的要求，即使我杀掉你，你仍然不会按我希望的去做。那么，我怎么会“让”你产生某种情绪呢？

这一点非常重要，必须理解并接受这一点，这样做对我们意义深远，我们在人际交往时一定要牢牢把握住。这也是我们认为我们的生活变得复杂而艰难的缘由。

如果我们认为某人让我们有某种感觉，那也是因为我们自己允许他们这样的。针对别人的一言一行，我们每个人的回应方式都不尽相同。若非如此，那我们对同样的事都会产生同样的反应，我们都会按照事物原本的含义去理解事件，而不是对事件提出自己的想法。

然而，事实上，我们每个人对同样的问题和事件看法都不尽相同。不然一个国家怎么会有不同的政党？对于同一条消息，我们每个人都会根据自己的理解做出不一样的反应呢？

我们只能控制自己的行为，而不能控制别人的反应。有时候我们自己做出的反应太过出人意料，不仅令别人感到吃惊，连自己也被吓到了。我敢肯定，当你试图按最好的意图，做最合适的事情时，你至少遇到过一次出人意料的反应。同样地，别人也只能控制他们自己的言行，而不能通过他们的行为来控制你的情绪。

上面的话似乎很有说服力，但我还是能够想象到，你一定皱起了眉头，似乎在问：“你是说我不能让我的伴侣开心吗？是否能让他 / 她开心，问题不在于我，而在于他 / 她？”

答案嘛，是，但也不是。我们提出这一概念，只是希望能够让我们达成共识，避免产生异议。

我不能让你产生任何感觉，这跟我喜不喜欢你没有关系，而就像是天气变化一样，是自然现象，喜不喜欢这种天气是你的主观意见。这就意味着，从现在开始，只要与某人意见不统一或产生了什么矛盾，你就可以用以上理念来验证你们的不同之处。你们中的一个人一定认为自己是可以让别人产生特定的感觉、情绪的，但他人的感受是他们自己的选择，是由他们自己的体验、需求以及能够影响他们反应的任何其他事物决定的。

认识到这一点，意义深远，可能会改变你与他人交流的方式。虽然我直截了当地声明，没有什么事物和人能够让你开心，但这并不是说，特定的人（动物、事件等）不能够提高或缩减我们生活经历的质量，当然有这样的人和事物存在，而且他们对我们至关重要。

虽然他人能够对我们的生活产生影响，
但这种影响力的强弱却不是他们能够决定的。

要声明一点，我并不是在说影响力。每次和别人谈到有趣或令人悲伤的事时，我们都希望他们能跟我们一起笑或者哭，换言之，我们希望他们与我们有同样的感受。尽管我们努力尝试，但最终，只有对方认可了我们所说的事，我们试图对他人产生的影响才能成功施行，不然也不会出现不奏效的玩笑和被误解的善意了。

有的人可能会故意“按你的按钮”，惹到你。例如，孩子们知道，只要他们坚持，父母就会心软，给他们想要的东西。你的伴侣知道，只要提起某个特定的事物，你就会愧疚难安，而不会继续追寻特定的问题，也不追究对方的过错。

想象一下，如果“按钮”失灵了呢？那就会“断电”。那然后呢？无论他人怎么试探，你都无动于衷。你的“按钮”就不会再起作用了，换言之，他人就无法获得他们期盼的反应了。记住这一点——你是唯一能让你的“按钮”失灵的人。

那么，让我们正式和“上帝情结”说再见吧。我们不能让他人产生特定的情绪。虽然我们可以操控或影响他人，但其结果却不是我们能控制的。更让人感到释然的是，我们无须控制那结果。

生命里的第一课

要开始了解“边界”的概念和含义，我们首先就要弄明白下面这个最重要的问题：我是谁？

根据精神分析理论，婴儿刚刚出生时会将母亲的胸部当作自己的一部分，换言之，婴儿还不能将自己和母亲区分开来。也就是说，它只知道自己——因为在子宫里也没有其他活物——婴儿来到这个世界的时候，会本能地认为自己与世界是一体的，这也是一种下意识的认知，这个说法是很合理的。（还有一种很有趣的精神学观点，认为我们死后也会回归到这种状态，跟“宇宙”、上帝或你认为的任何来世的概念融为一体。）

这一观念从神经学上看也是成立的，因为它有生理学的依据。例如，新生儿仅能看清 8 英寸约 20 厘米以内的事物，这个距离以外的事物全都是模糊不清的。现在猜一猜，当母亲抱着婴儿的时候，她的眼睛与婴儿的眼睛之间的距离是多少？你猜对了！约 20 厘米。

对于婴儿而言，对“边界”的认识始于在这个家里都有谁。第一课：我和妈妈是不同的。第二课：妈妈和爸爸也是不同的，等等，等等。通过声音、气味、感觉、身形就能够判断每个人的不同——换言之，就是他们的“边界”，这也是我们认识其他人和事物的方式。

只有确定了明确的地理边界，我们才能将一个国家与其附近的国家区分开来。相似地，宗教的派别也是因不同的信仰和价值观念而区分开来的。想一想，历史上有多少战争是因地理边界遭到侵犯，或宗教理念“边界”没有受到尊重而发起的？这里的“边界”显然指的是我们的价值观和世界观。很简单，不是吗？然而，“边界”遭到侵犯，会给我们酿造出许多很难解决的问题，我们就会以困惑、忽略或其他我们所能想到的手段作为借口逃避。从另一方面来看，当在我们看来明确的“边界”没有得到他人认可或理解，或没有清楚确定下来的时候，我们就会明白，这些问题是怎样产生的。

你认为，以下两种人，哪一种是你的直系亲属？是和你一起生活的人（伴侣和孩子），还是抚养你，陪你一起长大的人（父母和兄弟姐妹）？通常，当彼此的利益和愿望产生冲突的时候，或必须针对家庭做出重要决定的时候，以上问题的答案才会显得至关重要。然后，之前我们认为非常明确的家庭关系就会出现裂痕。

“边界”的概念不仅适用于实体的人和事物，也适用于个人“空间”的划分。在实际生活中，你的“空间”有多少？这个“空间”的划分是有特定规则的，还是只是你对“个人空间”的个人定义？

关于个人空间的多项调研表明，人们认为的个人空间大小会因文化和宗教差异而各异。在欧洲，越往北走，个人空间就越大——例如，相互交谈的时候，瑞典人彼此的距离比意大利人要大。北美洲和南美洲的人对个人空间的需求相比也有类似的特点。不懂得尊重这些差别，会导致严重的误解，保持距离可能会被人视作无礼，距离过近却被人觉得受到打扰。

我们大部分人为了追求舒适，都会刻意与他人保持相应的距离（除非是与我们很亲近的人）。与他人相距太近，我们会认为不舒服，而太远，我们又觉得不够友善。

可预见性

随着第二次世界大战的爆发，以及纳粹暴行的出现，社会要求心理学对人类行为做出合理的解释。确实，整个社会似乎都在为发展的方向挣扎。亚伯拉罕·马斯洛对人类需求进行了层次划分，声称在我们努力追求更大的善（greater good）和其他伟大目标之前，我们必须先满足自己的基本需求（水、食物、安全和住所）。

在我看来，马斯洛在对人类的基本需求进行划分的时候，忽略了对“边界”的需求。它直接关系到对可预见性的需求，我们很快就会了解到，可预测性正是压力的预兆。

对某些人来说，“边界”让他们明确了路标，而对另一些人而言，“边界”让他们在之前提到的树上爬得更高，对自己和周围世界的认识也更多。

但是，“边界焦点”也不是答案所在——它只是提供了找到解决方案的途径。下面，我将通过介绍我认为被低估的一种人类基本需求来解释这一点。

想象一下。在一个晴朗的下午，闲适的你身处一处拥挤的海滩上。为了躲避嘈杂，你决定去海边的一艘小船上躺一会儿。你闭上眼，不一会儿就睡着了。睁开眼的时候，你却发现周围都是水，这时你才意识到：小船进水了。现在的位置距海岸多远，你一点也不清楚。这种情况下，什么是最令你感到恐慌的？

是发现你在海上迷失了方向吗？当然会令你恐慌！你会做什么来摆脱困境呢？显然是划船。好吧，往哪个方向走呢？现在，不知道去往哪里避难成了最令人恐慌的问题。

从有类似经历的幸存者的口中，我们知道，一旦明确了方向，人就会有希望，而且，即便是知道还有不可避免的困难出现，也会乐于尝试。换言之，即便是知道可能保障不了自己的安全，但只要有一线希望，我们都会努力去把握。

如果小船上有一些水和食物储备，会不会减轻你的焦虑感？我冒昧地建议你不要将它们扔进海里，但与此同时，这些东西只能保证让你不会饥渴而死。这并不能减轻你对现在状况的忧虑，以及对死亡的恐惧。此外，如果你现在有机会觅食，因为海里有鱼游过，也有别的船经过，那你会选择什么呢？

这就需要我们将对食物和水的需求与对可预见性以及命运掌控的需求区分开来。这意味着，除了马斯洛列出的几种基本需求，我们还有一种同样重要的基本需求：**对可预见性的需求**。

与可预见性差不多，“边界”也有自己的定义和内涵。它让我们将不同的事物区分开来。缺乏可预见性就如同硬币的反面，“边界”混乱则是生活中所有问题和矛盾的核心。

将不同的隐喻内容混为一谈，那么它们就没有意义了。而当我们将不同的物质混为一谈时——这也是一种对“边界”的侵犯——我们就有危险了。酒店老板将水兑入酒里，客人会喝更多的酒，而老板则会因制作假酒而受到惩罚。然而，将高腐蚀性的物质与可燃物和爆炸性的物质混合在一起，就会造出世上最珍贵的事物：水（氢气和氧气混合燃烧后产生水）。“边界”能让我们产生预感，让我们彼此相融。相反，如果违背了相应的规则，就会产生不可预见的状况，有的时候甚至攸关性命。

对人类而言，出乎意料的状况和混淆边界的行为总会让我们做出应激反应。想一想，如果每个月底你都不能确定能不能收到工资，你会有什么感觉？如果有陌生人来敲门，声称他是你房子的新主人（并拿着一份文件证明），因为前一晚法律条文刚刚改动了，你会有什么感觉？这种出乎意料的状况可能让人心神不宁。

问题就在于，因为“边界”有不同的形态和定义，因此我们经常“触犯”边界而毫无察觉。通常，它们的名称各不相同，我们甚至都不认为它们是“边界”。我们可能称它们为状况、意见、态度等等。不幸的是，这些标签只会让人们更加困惑。

理解广义的边界概念会让我们的思维产生质的提升，因为它让我们用不同的、更加简单的态度面对世界。想象一下，你面前有一张地图，上面展示的是在某个人口密集的地区里的所有公路，从高速公路到乡间小道，所有的道路都一目了然。这张地图道路密集，对一个不熟悉该地的人而言，根本起不了指路的作用，他们看这张地图就像是在玩走迷宫的游戏。现在，想象一下，你面前的地图是一张仅仅标注了主干道的地图，如果你想要找某个特定的地方，这样的地图上是看不出来的，但如果你只是想知道自己想去的地方的大致方向，这样的地图就有作用。

相似地，边界的概念让你认识到，复杂多变的因素让你忽略掉了许多重要规则。因此，在处理问题的时候，只用我们习惯的方式去处理。

边界不只是一条基本原则，也有自己原本的规则。这一点，我们无须争议。规则都是由最典型的“边界”所决定的。汽车就是汽车，而将汽车定义为将人和物从一个地点运送到另一个地点的工具，那样我就要了解一下其他重要的问题，如道路的建设和制定道路交通规则等等。侵犯了这些“边界”会导致很明显的问题，例如，速度太快会致命。虽然速度过快确实是导致交通事故的因素之一，但它并不总是引发事故的直接缘由。糟糕的道路状况、司机失误、判断错误和其他错误——让人误判司机所能掌控的速度——都会酿成事故。仍然有人因车祸而亡，但我们却只认为速度过快才是导致无法控制车速的缘由，这样是不好的。

因为不是“万灵药”，边界的概念虽然能够让我们明确各种定义，但仍然也有一个小问题。“边界”不会让我们因不遵守交通规则发生事故而不用汽车，而是会让我们用不同的观念对待不同的问题（汽车安全问题还是因交通问题导致），并找到不同的解决方案。

为什么会因“边界”而自由

无论别人做了什么，你自己的想法、情绪和喜好决定了你会对他们的行为做出怎样的反应。曾经能让你开怀的事物，换一种情境，可能会让你觉得讨厌。想一想一件能让你笑的事情，例如挠痒，再想象一下，你已经被挠了半个小时了，这时这个行为就会让你觉得讨厌。同样的动作，同样的施行者，同一个你，但你做出的反应却截然相反。

正如这个例子所示，没有人能让我们开心。如果仔细观察，我们还会发现，与我们不相关的任何事物都是如此。这个认识发人深省，能让人去掉那种不切实际的期待，如让自己的伴侣幸福、快乐等。自然，你可能会做对方认为很不错、很体贴或“可爱”的行为，结果对方就会认为是你让她/他幸福，不过这个结果并不一定会发生。

让我们再看一个例子，如果你有了大家都很喜欢的东西钱，会怎样呢？如果我有了更多钱，我就会非常开心，这话是不是很耳熟？

事实上，如果你已经过得非常开心，又买彩票赢得了100万美元，那你就是个有100万美元的开心人，而如果你正过着贫困潦倒的生活，又买彩票赢得了100万美元，那你就会因不知该如何花这笔钱而烦恼不已。即便你暂时变得开心了起来，但只要找到一点别的事由，你仍然还是会很痛苦：可能是因为上一周中彩人的奖金是 1000 万美元；可能是因为你的这笔奖金到账还要等两周时间；也可能是因为你要为此支付大笔的税额。你明白我的意思了吗？只赢得那些钱，并不会让你马上开心起来。

那如果钱不能让你开心，朋友呢？毫无疑问，朋友能够让你的生活丰富多彩，饶有趣味，并照亮你前行的路。但是，他们能让你产生特定的感受吗？这仍然取决于你对他们行为的看法和思想。谁也不能保证，他们所做的一切会对你产生他们期望的效果。如果朋友能让你开心，那么朋友之间就不会闹翻了，成了朋友之后，他们应该总能让你感到开心，而事实却并非如此。

如果这些都不能让你感到开心，那还有什么可以呢？真爱，这个答案应该错不了了。“你已经让我觉得很幸福了”，我们经常听到这种话，不过这里还有一个陷阱。我的意思是，你了解了该怎样让我开心，而我也很高兴你同意这样去做，那么你就要经常去做。我们怎样表达我爱你，我想要跟你在一起，这些方法并没有什么不同。通常，只有在情况变得糟糕的时候，这些区别才凸显出来。然后，“你让我感到幸福”的这种错误观念，会让你指控我现在“让你”不开心，而我总要为不在我控制之内的事承担责任。你越是认为，我是能让你幸福的人，你就会越来越绝望，因为在你心里，我才是能让你重新开心起来的“唯一人选”。不要误解了我的意思——你不要把它当成唯一能让你幸福快乐的事物，真爱的确是伟大的。

我希望接下来的话，你们能够愉快地接受，没有什么人和物能够永远都让我们有某种感觉。我们对特定的行为和事件的情绪反应都是由我们自己的心性决定的，没有例外。

将外在的问题“内在化”

经历不开心的事情时，所产生的感觉总是与某件突发事故和干扰我们计划的事物相关，不然就是太过担心我们所在意的人。我们可能担心产生矛盾，或其他可能发生的不愉快事件，在这些情况下，我们的情绪反应都与我们的身外之物相关。

我将之简化成下图。这边是你，而另一边则是外部的事物，可能是一个人、一段情感关系或一个让我们感到困扰的问题。

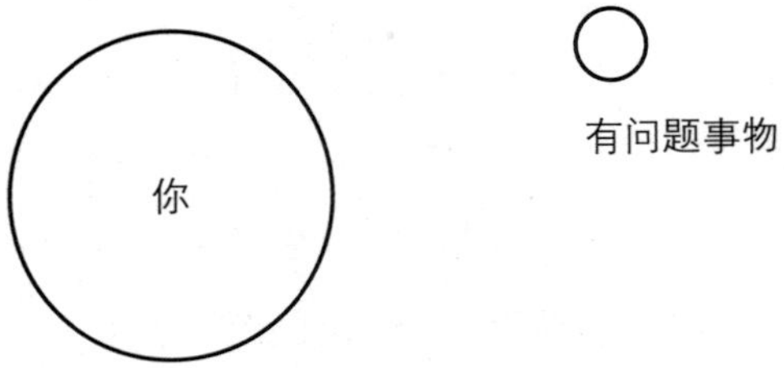

这个问题仍然与你本人无关，然后我们才开始处理问题，并接受其结果。我们可能不喜欢它，但因为我们尊重彼此的“边界”以及问题，所以我们能够继续生活。

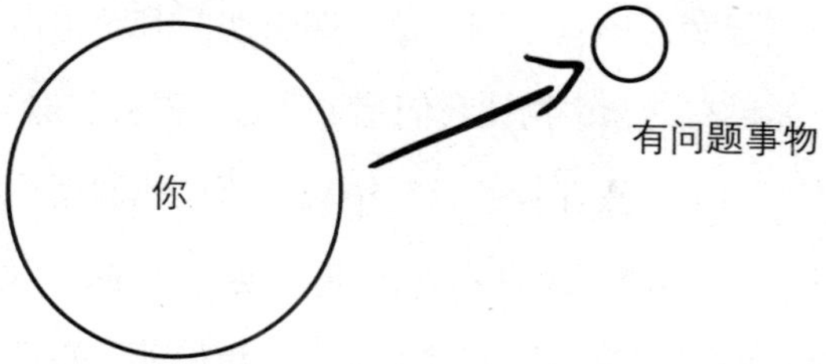

然而，我们总是将外部的问题、人和事物“内部化”，让他们也成了我们的一部分。在我们错误的观念里，外部的事物能影响我们的生活，能够让我们产生良好的感受——我们也给予它们这样的权力——那么，按照这样的规则，外部的事物就能让我们感到不好受。

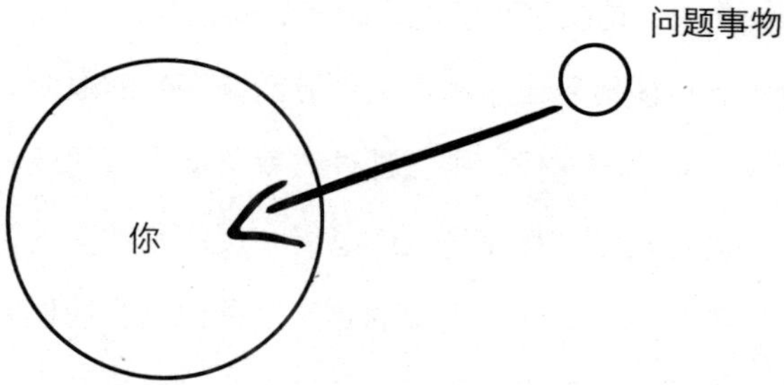

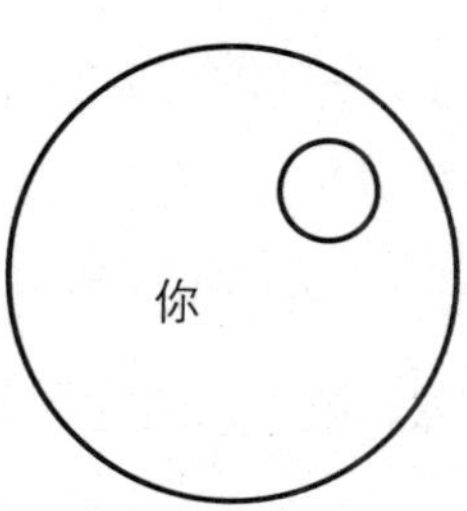

如果有人让我们感觉不错，那么如果他们改变了自己的想法会怎样？如果有什么事物让我们感觉开心，失去了那个事物，我们会怎样？如果有人让我们觉得糟糕，那么他们什么时候能让我们感觉变好一点？我们并不知道是否会有这样的“如果”，也不知道这样的“如果”什么时候发生，我们无法掌控，这确实是让人觉得紧张的状况。

毕竟，这是需要考虑情况的——情况是变化的，我们不能笼统地说某件事会让我们有某种感觉。虽然某些反应是可能发生的，但我们不能保证一定会发生，这与事件无关，决定我们的行为反应的是我们在事发当时的心态和看法，换言之，这与外界的事物无关，这关乎我们内心的看法和态度。

以上图解可能展示出了我们大部分问题产生的根源。当我们选择为某事烦恼的时候，那么那件事就可能会真的成为我们的烦恼，这就包括了“接受别人的感受和反应是我们的责任”这一点。争吵之后，“你让我很痛苦”这种说法会让他人产生负罪感，这种强烈的感受，可能会让你认为，自己应为对方的感受负责。但是，要注意，一旦产生了这种想法，那就覆水难收了，你就注定成为承担责任的人，“我”可以偷偷操纵，让你总是对我产生负罪感，因为你已经认为是你让我不幸的。

当我们不尊重他人对问题的所有权，把别人的问题当成自己的，我们就是完全弱化了他人的存在，而把自己当成了主角。

我们的真正想法是：你不能照顾你自己，解决自己的问题，因此我就该为你解决掉。如果别人对你这样说，你会有什么感受？

我们不将问题留给当事人本人解决，而是承担起了我们根本无法解决的问题和麻烦——因为要解决这些问题的并不是我们。我们看来可靠的解决方案，别人未必接受。

结果，我们经受了压力，可能是因为我们无力解决问题，或者其他人并不看重我们所认为的解决方案，完全忽略了我们认为“显而易见”的解决办法。我们就会觉得焦虑、失望、紧张或产生其他不快的感觉，我们必须寻求专业的人士来帮我们摆脱困境，而这困境是由于我们不尊重“边界”而导致的。我们不断努力，试图消解这个问题，结果却发现根本无法解决。一旦你将外在的麻烦视作了自己的，你就要自行承担这样做的后果。

为什么呢？因为你将“陌生”的事物“植入”了自己之中，你试图让事物朝着你所想要的结果发展，但最终的结果却不是你能够控制的。你最希望的就是自己的期待成真。但是，正如上文的图示所示，一个问题有其自身的“边界”，而你将你无法控制的事物“内在化”，将它视为自己的，那你就无法预测其结果了，然后你就会觉得很有压力。

这种做法之所以让我们觉得有压力，这理由与我们人类的本性相关。当我感觉“压力大”的时候，会怎么样呢？

为了找到问题的答案，下面我们先来仔细了解一下头脑的结构，这样我们才能够了解到，我们为什么会触碰到“边界”，我们是怎样将与我们无关的事物“内在化”，将之视为我们自己的一部分的。

第 2 章

90% 的人际关系问题，都是心理边界不清导致的

压力，就像一个奴仆，跟随着每个人！人不可能没有压力。实际上，人一来到世上就会承受压力，压力似乎成了人所有的资本，成了人们共有的话题。有的人确实活得很有压力——不过压力究竟是个什么东西？

为了了解为何压力感是我们大脑的一种基本反应，我将追根溯源，深入了解“边界”间的联系和冲突之处——压力和情绪。首先，我们必须先弄明白压力和情绪在生理学、神经学和心理学上的概念，我们先来认识一下大脑及其作用，至于该如何应

对让我们有“压力”的状况，将在第二部分里详述。

还记得树顶分析法吗？我现在将它类比到我们的大脑上，可以通过两种方式来看：大脑就像生长期的植物一样“向上”生长；将它比作植物，可以让我们了解大脑的工作方式。我们可以选择从树顶往下走，但是这样有一种风险，就是会迷失在其复杂性之中。或者就是从树下向上爬。我选择后一种方式来了解大脑，这样，向上爬时，一旦出现太过复杂的内容，我就能够停下攀爬。这样，我也就能确定我还想了解什么，我的知识是不是能够满足我的探索，我是不是还需要更深入地研究这个问题，以达到更深层次的理解。

洞悉了在对别人的言行做出反应之前，自己头脑中的变化，你就能够控制自己的言行，避免做出冲动的反应——冲动反应才是“问题”出现的缘由。我们可以从以往的经历中了解压力这种生存机制的作用。

我们为什么有大脑？

人类生命的最原始阶段是单细胞生物，它们在自己的海洋中快活地生存着。那么，为什么它们会进化成这世间最复杂的生命体，其头脑中的神经元甚至比银河系的星辰还要多？

这可能有多种答案：可能是人想要完成每天的填字游戏，可能是想要成为象棋高手，或者想成为编织高手，或者想飞向月球，或者仅仅是为了存活。

1990年，神经学家保罗·麦克莱恩提出了三重脑理论，还提出大脑的功能是从最简单的开始发展成熟的。在这个过程中，我们现在所知的脑干这个部分也愈加复杂了起来。每掌握一项新的技能，就意味着大脑中建立了新的神经元联系，也让我们更加长寿，繁衍的后代也更加聪明。

为了直观展示人的大脑，请双手握拳，并将两个拳头并在一起，你的两个手腕就代表脑干，这是大脑的最主要部分，也被称为爬虫脑。由于爬虫是恐龙时代最后的幸存者，这个名称也就意味着大脑发展的最初始阶段。可以说，那时候两只耳朵之间并没有多少关联。脑干主管身体的基本脏器功能，如心率、呼吸、体温、人体平衡，以及被称为第一反应的“抵抗或逃跑”反应。

接下来发展出了旧哺乳类脑，请竖起你的手指表示，麦克莱恩称之为边缘系统。其组成复杂，功能繁多，它就像是传入式刺激和情绪反应之间的中转站。边缘系统帮我们判断传入式刺激的类型，如让我们知道某事物究竟是危险的还是令人舒适的，根据人的经历和记忆储存来触动并区分我们的情绪反应。

根据记忆储存来触动情绪反应，这听起来很奇怪，因为记忆与我们大脑最顶端最发达的大脑皮层的不同部分都有关联。但是，如果我们的记忆库里没有相关的储存，我们又如何知道某些事物是危险的呢？边缘系统储存信息，并且这些信息随后会变成我们的长时记忆，这一点虽然很简单，但却非常重要。开始的时候，它可能只能让我们避开有生命危险的状况，后来却演变成为区别人类和其他哺乳动物的一种特性，即我们的历史感——我们对自己、他人、历史事件及我们所生活的地方的看法。

相比爬虫脑，大脑边缘系统的功能进步了不少。它能让我们的器官感知危险，并让我们判断，某物是否对我们的生存具有潜在威胁。如果那微弱的声音只是风拂过树叶发出的沙啦啦的声响，那么它就会让我们听之任之。然而，如果是潜在的捕食者或不明身份的陌生“访客”，大脑边缘系统就会促使我们的身体做出攻击或逃跑的行为。这种反应，也是我们陷入困境时做出的主要行为反应。随后，边缘系统会调整我们的基本情绪（这个词取心理学上的定义就称为情绪反应，也就是我们对刺激所做出的反应方式），这也导致了我们丰富多彩的情绪的产生。

大脑进化的最后一个阶段，我们称为新哺乳类脑，大脑皮层又进化出了与我们现在所称的思维相关的组织结构，它让我们将抽象的想法结合起来，形成连续性的规划步骤，除此之外，还有主管我们语言的结构。在我们的手模中，大脑皮层就相当于手背，包括指关节和裹住大拇指的其他手指的背部。

三重脑的理论并未被普遍接受，虽然有人对此提出过合理的质疑，然而支持这一理论的证据显然比反对这一理论的证据更强势。这些问题只针对那些已经被普遍接受的概念：进化并不是一蹴而就的，不仅大脑的进化如此，人在进化过程中的心理素质发展也是如此。

三重脑的概念让我们将“焦虑”和“失望”视作正常的情绪反应，而非情绪失常的表现。我更愿意认为，这两种情绪的产生是大脑正常传递信息的结果，不幸的是，我们大部分人都未能对此做出合理的解释，不过我们将在下文了解更详尽的内容。

两个半球

我们还要了解大脑进化过程中的另一个方面，这也是压力和情绪概念中的重要内容，因为它解释了这两者与“边界”的关系。

从大脑底部的脑干到顶部的皮层，大脑还在其中分为了两个半球，而身体的躯干也是成对出现。两条手臂，两条腿，两只眼睛。然而，眼睛这里有一个问题，因为双眼隔着一定的距离，因此双眼的视网膜是各自成像的，如果没有视神经交叉这个结构，我们就会看到两个有一点儿不同的影像。这也就产生了立体影像，即将两只眼睛看到的事物在大脑中进行拼合而成的影像。这也就意味着大脑的左半球控制的是右侧的身体，而右半球则控制着左侧的身体。人类还是原始人的时候，这一点在功能上并没有产生任何差异，然而，当我们使用工具来改造我们身边事物的时候——如拄着拐杖前行，捕鱼，用石头进行防卫和狩猎等，差异便体现出来了。

某些理论宣称，做大部分事情的时候，我们更倾向于用右手，那么左脑就会产生更多的神经元结构来配合右手，这也使得大脑的左右两个半球主管的功能有所差异。有了这些新的技能，我们的心理复杂程度也就提高了，我们就能够制订计划，预估未来，将抽象的概念与具体的事物联系起来。

最重要的是，我们开始用语言交流各自的想法和意图。由于语言的诞生，比自卫的时候攻击侵略者的行为的诞生，要迟得多，所以，将思想转化成语言这个功能也是左脑来完成，这也是你的语言中枢位于左脑的缘由。

大脑左侧主管的是心理活动和思维意识，而右侧则负责确保生存的活动——尤其擅长主管情绪。

关于大脑的进化，还有许多问题有待讨论，而右脑和左脑在概念上的区分还没有得到普遍接受。确实，显然有很多证据可以证明，某些特定的能力是由特定的脑半球主管的，我们还需要了解一些与以上理念相矛盾的现象，让我们对左右脑的严格区别提出一些质疑。

在右撇子人群中，90% 以上的人的语言功能是由左脑控制的，而在左撇子人群中，50% 是由双边分管，或更多是由右脑主管的。这就证明上述理论虽然有一定的正确性，但也有偏颇之处。

因为我们知道大脑的正常运作模式，
所以有某些例外的状况我们也不会视之为失常。

根据惯常的表现，我们可能会将某些状况视为例外情况，但是有的可能经过观察却仍然未能得到充分认识，这就是大脑的可塑性。

大脑的可塑性：如何塑造未来

很久以来，我们都认为，大脑的各部分结构都是早就确定好了的，而我们的各种能力——听力、语言、身体动作等等都只属于大脑的某个特定的部位主管，而且不会改变。然而，由于中风而影响了左脑语言中枢的人可以重新学会说话，大脑某个部位受到伤害的孩子，只要激活了其他大脑部位，便能够取代受损部位的功能，这些现象都让我们重新思考大脑可塑性（即神经可塑性）的问题，目前这种理念也得到了普遍接受。在这种情况下，plastic 这个词表示的并不是旧货商店里能够买到的便宜货，而是该词初始的含义——可塑的。

有时候，大脑其他部位的过分活跃确实会让一些功能丧失，如语言。例如，眼盲，会让我们激活自己的其他感官来弥补看不见的缺陷，这样的话，我们的其他感官在某些情况下甚至比以往更有优势。

神经的可塑性也让我们有机会塑造我们的未来，更通俗地说，你可以教一只老狗玩新的把戏。研究显示，大脑在老年时仍然具有可塑性，能够创建新的神经联系，或者以新的方式将已经存在的不同神经元联系在一起。事实上，我们的大脑每次接受新信息的时候，都会产生这样的效果。

每次我们有新的认识时，我们首先会感到惊讶，然后才会根据情况调整自己将做出的反应。每次产生新认识时，都会让我们重新思考已知的事情，并重新考虑这些事情产生的后果，大脑的神经回路就会以新的方式联系起来，形成新的连接。

另一方面，有些新的认识出现后，我们总会觉得是在重复过往的、不愉快的经历，似乎总是无法摆脱过去的阴影，还是会迎来同样的失败，于是就产生了失望、焦虑、恼怒或内疚。

要认识这一过程，每经历一次，记忆就会变得更深，如果经常经历不愉快的事，我们就会陷入不愉快的记忆中。我们记得越频繁，记忆就越深，这是记忆的本质。我们越关注一件事，我们就越不可能忘记它。在心理学上，这个过程称之为“学习”（在心理学上，指通过实践、训练等改进行为举止）。不幸的是，无论是我们喜欢的还是不喜欢的记忆，都是经历一次，记忆就加深一次。在极端的情况下，我们甚至会患上创伤后应激障碍——记忆不断重复，让我们一直都有紧迫感，而不是作为单一事件储存在长时记忆中。

我们对自身之外的事物考虑得更多，对那些新的经历体验保持开放的心态，我们就会“忘却”过去的陈旧信息。要接受新的想法和意见，我们的大脑就需要创建新的神经元联系。这个“新”指的是大脑处理信息的方式不同了，或者用新的、不寻常的观念来理解旧的信息。每一次新的经历，大脑处理的时候都要进行改变，不然也就不称为“新”的了，而是被归为“记忆”。

虽然我们可能无法控制电子能量或化学元素对大脑的改变，但它们能刺激现有的大脑神经元联系。它们可以查询已经储存为记忆的信息，并根据这些信息转化为想法储存在大脑的神经元结构中。改变我们的大脑就意味着制定新的神经元通道，让它们建立新的联系，并将其与已有的神经元通道联系起来，形成全新的信息处理网络系统。

锻造新的神经元通道

我们都认为，大脑的运作都是化学作用和脉冲活动的结果，然而化学作用和脉冲活动只会让大脑的神经系统发挥作用，换言之，它们是让“发动机”运转的燃料。要更有效地改善大脑的功能，只干预其中的化学活动是不够的，还需要改变神经系统及其联络方式。

这些新的通道确立了之后，不会重复旧的“记忆”内容，并巩固训练有素的思维模式，相反，旧的通道会消失——这个过程我们称为遗忘——而我们也为塑造未来开启了新的篇章。我们要促使大脑发生改变，方法十分简单，只需要提供新的知识和挑战就行了——最好是我们想要记住的东西。开始这种改变的方法之一，就是用不同寻常的方式去做寻常事，例如用不常用的手刷牙、削苹果。（最好先准备好创可贴，你越做越顺手了，你的大脑也就改变了）

熟能生巧不是吗？当然确实如此。一件事你做的次数越多，也就越熟练。然而，正如使用或失去功能一样，大脑功能的另一项原则，熟能生巧只是发现而得的结果，并不能对大脑功能改变做出解释。真正的解释其实是，神经元回路只有在连接细胞产生了髓鞘时才能得到巩固，那时脉冲的传播速度也会加快，这也就加快了信息处理的速度和人做出反应的速度。这时候，我们的大脑发生了改变——我们学会了一种新的技能。

大脑可塑性唯一的缺点在于我们使用这种可塑性的方式，虽然我们可以创造新的神经元回路，但大脑却并不能真正识别我们所认为的好坏，或者有用没用的事物（按我自己的习惯）。是的，我们可以培养新的习惯，但这些习惯可能是有害的。不幸的是，我们大脑中不好的想法，也是每想一次就加深一次的。任何习惯的上瘾，都是大脑因为我们行为的方式而产生改变的另一个例子，而且，有些习惯是对我们有害而无益的。焦虑和恐惧感的发展也是一个例子，不停地去练习焦虑和恐惧这种无益的行为模式，导致大脑发生了变化。

同样值得思考的是，大脑虽然会影响我们的行为方式，但我们的反应模式也会改变大脑的运作模式，这种影响是相互的。我们通过思维过程操纵我们周围的环境，而环境同样也会影响我们的思维模式，让我们知道该避免什么，该争取什么。我们为自己设定的目标是由我们周围的环境决定的，它同样也影响到我们目标的实际性和可实现性。

这就引出了关于人的可改善性的哲学观点，即我们是否可以改善和改进自己的能力，这一观点可追溯至古希腊哲学家亚里士多德。自然，这里也有问题：改善，或者称理想化的改变，究竟需要什么才能做到呢？在我看来，之前提及的马斯洛就为我们做出了解答。虽然在他的需要层次理论中，并没有提及“边界”的内容，但是，他却将自我价值的实现列为人类成长的终极目标。因为是关于“自我”，那也就避免了去思考人“应该”成为什么样的人，或者人们普遍接受的是什么样的人，而将这一问题留给了每一位读者。

本章结束之前，我要想做一个声明。我简单提及的大脑可塑性与其在神经心理学和心理干预方面的相关性是相反相成的。例如，“边界焦点”疗法，不仅仅受到神经可塑性的影响，还广泛应用了神经可塑性，这也是我们现在理解大脑及其如何运作的核心。事实上，传统的治疗“心理失常”方式的挑战之一，就是如今我们所称的神经心理疗法。

丰富多彩的生长环境，以及日后的生活中不断出现的新体验，已经被验证，能够增加大脑的体积和厚度。它能够改变我们的“大脑地图”，并让我们的神经元回路呈指数级增长。这些发现会逐渐影响我们的治疗手段，在处理失望和焦虑这类情绪时，它也会改变我们使用化学干预的方式，在这个方面，未来不会有太多的其他发展。

第3章

人际关系应该建立在尊重心理边界的基础上

“恐惧感”一旦进入大脑，就会刺激它，让我们感觉到迫在眉睫的危险——可能被别的动物吃掉，或被赶出熟悉的领地。

于是，恐惧就被划为最基本的“情绪”，其他的各种情绪都能与之联系起来。例如，对死亡和生理伤害的恐惧会通过侵犯或自卫性的行为体现出来，担心自己的才干得不到赏识，就会产生嫉妒和报复他人的想法。对死亡的恐惧是最重要的驱动力。一旦激起了这种恐惧感，我们就会不假思索地做出一些行为，最本能的行为就是抵抗或逃跑。换用更常见的说法，就是紧张，这种紧张也给我们带来了压力。

本能的持续性

遇到生命危险，我们在决定逃跑还是抵抗之前，大脑里发生了什么？为了找到这个问题的答案，我们必须回溯到数十万年前，因为这期间这一点并没有什么差别。

思考如下场景。你在一片荒原之中寻找食物，沿着一条小径前行，以为能够找到自己想要的食物，这时，你听到身后传来了什么声音。可能是与你的目标物无关的事物，比如风声，也有可能意味着你身后出现了捕食者。你对此十分谨慎，于是，你的大脑（更确切地说是你大脑的边缘系统）传递出了可能有捕食者的信息，你确定可以抓住机会逃避这一潜在的威胁。

当你转身面对潜在的威胁时，无论你决定逃跑还是抵抗，你都需要能量，你大脑的边缘系统会让你抓住一切机遇存活下去，此刻，你的边缘系统才得到了充分的利用。在大脑的边缘系统中，你的丘脑不断接收信息，而杏仁体则不断地试图分析出这些信息的含义。如果它判断出你听到的声音暗示着什么潜在的危险物，或将之当成了已知的威胁，它就会将这一信息反馈给你的丘脑，而这也就让你的躯体做出了一系列动作。

这信息会刺激到你的肾上腺，它会释放出许多不同的“压力荷尔蒙”，其中最为人熟知的是肾上腺素和皮质醇。我们最需要的生理机制已经被激活了，而那些暂且用不着的则被抑制住了。

我们的生命最需要的，就是足够的氧气，这样我们才能存活。与氧气同样重要的是葡萄糖，它给我们提供身体（尤其是肌肉）所必需的能量，而肌肉也是我们用于完成动作的。氧气和葡萄糖提供能量，让肌肉履行它们的职能。

为了确保吸入足够的氧气，以响应体内正在循环的压力荷尔蒙，我们改变了自己的呼吸方式。正常呼吸时，吸入的一部分氧气转变为二氧化碳被排出体外，现在我们想要更多的氧气（毕竟能给我们提供能量），然后开始快速呼吸，就像是运动员在冲刺的时候做的那样给自己打气。当我们抬举重物时，我们会从 1 数到 3，与此同时不断地吸入氧气，然后突然爆发出力量，将重物举起来，这时我们也是在给自己打气。通过快速呼吸，身体便没有那么多时间将氧气转变为二氧化碳，相反，吸入的氧气仍然是氧气，将这些氧气导进肌肉中，我们就拥有了更多能量。

我们呼出的气体中既包括二氧化碳，也包括氧气，不过这两者的比重改变了，而这也是非常重要的：二氧化碳浓度太高，你就会有生命危险，但如果不够，那你也会有生命危险。生或死就是两者微妙平衡的结果。虽然很重要，但这只是你体内压力荷尔蒙释放的一个方面，这就足以引起我们所留意到的生理变化。

为了能够逃避或抵抗，我们手臂和双腿的肌肉就需要氧气。由于这些部位距离心脏的位置最远，为了获得氧气，血压就会升高，心率也会增加，因为我们需要足够多的氧气。呼吸系统吸入的氧气越多，我们的身体机能持续的时间就越长。我们的大脑，准确地说是杏仁体，通过一条“反馈环路”，发现了我们的压力荷尔蒙皮质醇，并做出我们仍然有危险的判断，通过不断刺激释放压力荷尔蒙，让更多的氧气吸入我们体内，让我们做出为生存而逃避或抵抗的反应，形成自动循环。

此刻，生存是我们的主要目标，有了足够的能量，我们的身体也开始将能量输送到身体各处，所有不必要的活动机能都暂停或减缓了，首当其冲的是痛感。我们在进行自我防护时，任何痛感都会让我们分神，不特别关心我们的侵袭者，这样的话，侵袭者就会利用我们的分神，打败我们，造成我们更大的伤痛。而在抵抗侵袭者时，皮肤的痛感神经被关闭了，只有在抵抗斗争结束时才会恢复正常功能，这时，我们也才能去关心身体上所受到的创伤，正如动物在争斗之后舔伤口一样。

遭遇有压力的状况时，我们还发现自己没有胃口，吃不下东西。我们会感到恶心，或者就像是肚子里塞了石头一样——感觉就是吃不了东西，人们可能认为这是压力过重的结果。

这种状况出现的理由之一，就是我们为生存而斗争或逃跑的时候，我们的肌肉需要能量，而消化食物同样需要能量。我们现在需要能量（葡萄糖），我们没时间等待，只有食物被消化掉，转化成可用的能量才行。消化系统已经停工了，输送给胃部的血液也减少了，胃就像“打结”了一样，所以就不想吃东西。

我们的器官并不是从胃部汲取能量，而是转向其他储存了糖的身体器官汲取，如肝。这里的糖是以肝糖原形式储存的，需要的时候会转化为葡萄糖，并输送给肌肉，跟氧气结合起来，我们就有了可用的能量，并准备释放。

这是我们在知道身处险境时身体里所发生的状况，而且会持续到摆脱威胁为止。对那些无力抵抗袭击者，或者逃不掉袭击的人而言，他们的故事也就到此为止了。但那些存活下来的人呢——他们的身体系统是如何知道危险已经消失，该停止释放压力荷尔蒙的呢？

荷尔蒙逐渐减少——我们得救了

我们避免了成为其他生物猎物的危险，那接下来，我们的目标就是要维持生计，找到一个能供我们休息，让我们恢复体力的地方。身体处于休息状态，呼吸变得缓慢，我们呼入的空气进入了横膈膜而不是胸腔，减少了血液的氧含量，因为我们现在只需要一点点能量——只要能够维持身体机能的即可。

因为你休息的时候只用这种方式呼吸，而你只会在安全的时候才休息，那么，大脑就会传出停止释放压力荷尔蒙的信号，上文提出的问题，答案就是这么简单。如果你想要观察这是怎么发生的，那就看看一个睡着了的婴孩吧，安睡的时候，他的肚子轻轻地一起一伏，我们睡着了的时候，呼吸也是这样的。

简而言之，当你发现了威胁（无论是真正的还是潜在的），你的身体就会准备自卫，并释放出压力荷尔蒙，一旦威胁消失了，我们处于休息的状态（歇口气），大脑就会传递出停止释放压力荷尔蒙的信息，我们的身体也就恢复了正常功能。

这种连续反应其实是身体对即将发生的威胁做出的一个短暂反应。这里的关键之处就在于短暂，如果反应模式延长了，那么对整个身体系统而言，这种反应就不再是功能式的，而转变为费力的，甚至最终变成对我们有危害的行为——就像是加速运转汽车发动机一样，让转速计不断在红色区域内转动，持续相当长一段时间，很危险。虽然发动机在加速运转的时候也具备一定的耐磨性，但在到达极限的时候总会坏掉的。

压力的来源

你可能已经发现了，我在描述恐惧感对身体造成的影响时提到了压力和紧迫感。事实上，压力是夹在恐惧和其他情绪之间的，也是恐惧和其他情绪的联系物。

这看上去很矛盾，然而却反映了情绪的转变过程。恐惧刺激了我们称为压力的心理反应，而这一过程产生的能量则通过我们产生的不同情绪得到释放。

在我们深入了解这一过程之前，我将向你们介绍一种事物，它不仅让我们明确了压力的概念，还让我们了解了在我们的“边界”受到威胁时，我们做出逃避或抵抗反应的过程。

生理和情绪反应的互联性让一切更加复杂多变。压力让我们对原本无关的事件自动做出了情绪反应，结果，这一事件就成了让人感到害怕或高兴或其他任何情绪的缘由，人的本性正是如此。那么，这种我们个人和人际关系问题的根本源头——压力究竟是个什么东西？

1968年，刚刚获得耶鲁大学博士学位的韦斯教授，发表了一篇题为《压力的应激反应的影响》的文章。实验中，韦斯教授让两组老鼠接受了不同的电击。首先，按下第一组鼠笼中的一个按钮，它们的脚会受到低电压的刺激。另一组的笼子跟第一组的是并联在一起的，它们会承受同样的电击，因为它们笼中的按钮只是个摆设，碰到这个按钮并不会改变经过它们脚下的电流。两组老鼠都会不定时受到同样的电击，但只有第一组老鼠能够控制电击时间的长短，它们只需弄明白按钮的作用就可以了。而第二组老鼠只能默默忍受，它们忍受时间的长短取决于第一组，第一组什么时候切断电流，第二组才能够避免电击侵袭。

第三组老鼠则被关在一个没有电流经过的笼子里，这一对照组为实验人员提供了正常情况下老鼠的状态。

根据实验，前两组老鼠都“献身”（相当于被害）接受了电击，实验人员对它们的胃部受到的伤害进行了测量。相较于对照组，第一组老鼠受到的伤害是其3倍，然而，对自己的状态没有掌控权的第二组，受到的伤害却是第一组的3倍。

受到压力后，老鼠们胃部所受的伤害程度反映了它们承受的压力程度，这一发现能用如下简单的公式表达：

不可预见性＋没有控制权（无论是真正的还是你所认为的）＝压力

简而言之，这就意味着，我们越能够预测自己的命运，我们对发生的事情进行控制的程度就越高，那么我们感受到的生理压力也就越小。

这一公式非常重要，几乎涵盖了本书的所有内容。

就与恐惧的关系而言，我们可以说，对状况缺乏掌控和状况的不可预知性会引发恐惧感，而这反过来又会导致我们释放压力荷尔蒙，并让我们感受到压力。

要说明一点，这里提到的压力都是让我们感到不快的那种类型——我们通过让自己感到难受的手段，如喝酒或其他药物试图逃避或减少的那种压力。虽然那些手段对缓解压力无效，但我们还是经常用这样的手段，因为相较于我们试图躲避的压力，这样的手段似乎更容易被接受。稍后，我们还会探讨那些对我们有积极影响的压力。

压力 = 能量

我们已经认识到，压力感是对不可预知的和无法掌控的状况所产生的一种反应。韦斯教授的实验证明，实验中老鼠的胃部所受到的伤害代表着它们所承受的压力。但我们怎么知道，这不是心理或个性使然？虽然我们称之为个性，并认为它有特定的特征，但我们确实不能将它放在身体里的某个地方，这只是我们对我们发现的事物的名称。我们承受的压力都是一样的吗，有什么能够客观测评的标准吗？

之前，我们了解了胎儿在子宫内是如何发育的，出生后又是如何成长的。胎儿期是在子宫内发育成熟的，数百万年来，人类都是这样的。我们从单细胞生物发展到能够乘宇宙飞船飞向月球又返回的智人，生命经历了巨大的改变，这些从我们大脑的进化及运作过程中就能看出来。

边缘系统结构的形成发展代表了抵抗或逃避反应的显著进步，而且使生存概率得到了极大的提高。我们此时能够将事发时体验的感觉与之前类似经历的感觉相比较，以决定是否面临着威胁，并准备做出抵抗或逃跑的反应。

从根本上说，这才是我们的大脑有效工作所必需的。边缘系统进化之后所形成的，如新皮质，只不过是帮助清理系统，让其反应速度更快、更高效，从而提高生存概率，而且不仅是提高了个人的生存机会，也提高了整个种群的。

作为一名汽车爱好者，我发现这与汽车的创造和创新相类似。现代的汽车显然比老福特 T 型车更加舒适：因为前者速度更快，技术成本更高。然而，两者的发动原理是一样的——燃烧燃料，转动曲轴，将活塞的垂直能量转变成旋转能量，让车轮转动，推动汽车前行。只不过现代的新汽车有更多的潜在危险。这个类比与大脑多么相似啊！大脑不也是这样吗？

然而，令人沮丧的是，无论车大车小，价格昂贵还是便宜，都只能让你从一个地点赶去另一个地点，而它们的速度都会受到道路交通的时速限制。无论是价格昂贵的小车，还是价格便宜的旧车，100 公里 / 小时的速度都是一样的。

而人类大脑的进化，在进化出边缘系统之后，增加的其他结构组织虽然对整个生存机制都很有价值，但却并没有增加我们面临侵袭威胁时的选择项。面对生理威胁时，新皮质的所有功能，如让你背诵莎士比亚作品或计算宇宙边界的功能，在面对灰熊或飞速射出的子弹时没有丝毫用处。你的生存取决于最普通的两种行为选择：对抗或逃跑，而这两种行为都需要同样的东西——能量。

我之所以强调上述内容，是因为我们很容易忘记。无论我们做什么，有什么想法和感觉，只要是我们所感知到的，都是“行为”，因此也需要供应能量才能完成。如果能量的供应受到了干扰，这是我们所面临的实际而简单的问题，我们都会“希望这对我们没有太大的影响”。

这就意味着，能量能让我们维持生存，而且只会释放出我们所需要的量，因此我们在逃跑和抵抗的时候才有足够的能量去做出行为。当我们的生存受到威胁，边缘系统的活动促使大脑释放出了多余的能量，这就会刺激压力荷尔蒙的释放。

威胁→压力＝能量→情绪（都是通过行为表达和释放）

压力是我们做出行为的驱动力，也是我们发泄情绪的基础。

以上公式的重要性，我们将在下一章里见识到。然而，因为压力不仅仅在情绪上发挥着如此重要的作用，而且在“边界”上也发挥重要作用，所以，我们仍然需要考虑一些其他方面的问题。

在此之前，我们还需要明白，除了抵抗或逃跑之外，我们还有第三种选择：“冷冻”反应。年幼和毫无抵抗力的小动物们使用这一策略，尤其是在捕食者对死肉和腐肉没有兴趣的时候，就会使用这一策略。它们可能将这一“冷冻”的动物用尖牙咬住，击打一会儿，当它不动了就会丢弃掉，然后去寻找更鲜活的猎物。

我们还发现，人类也会做出这样的“冷冻”反应，当人们看到悲剧发生，却又挪不动脚去帮忙，只是愣愣地看着，像是被“冻”住了一样，随后就会说出这样的话：“我当时太过震惊了，动也动不了，也无法开口说话。”

虽然这看起来也是一种选择，但这却更像是我们的最后手段，因为我们将自己送到了别人的“尖牙”下。但如果逃跑或抵抗都无法真正施行，很可能会遭遇死亡，那你可能会做出这样的“冷冻”反应。

“逐步发生”的效果

从之前韦斯教授的实验中，我们发现，面对压力的时候，我们的身体系统还发生了一系列的变化。

我们现在知道，面对压力的时候，血压和心率都会增加，由于排出了汗液，皮肤的传导性也增强了，最新的实验研究发现，身体内的脉动和胆固醇也会因感知到压力而发生改变。

我们可以以电池为例来阐述压力。如果是由太阳能电池供电，那么一盏彩灯就能亮很长一段时间。如果再加一盏或更多的彩灯，那么我放进去的电池数量和每个电池的电量多少就成了影响电池供电时间的重要因素。如果我再加一组低瓦特的小灯，电池寿命也将缩短。电量耗光只是时间问题，再没有别的干扰因素了。在某个时刻，一盏小灯能够让所有彩灯灭掉。

我们可以将身体比作电池，因为它是我们的能量来源，跟电池的工作原理类似。如果受到了很重的压迫，无论是生理上的还是心理上的，都会让我们感觉到疲累或者沮丧——或许两者都有。我们承受压力的能力取决于我们掌控物质和心理压迫的水平。

因为我们是人类，自身的力量也很有限，所以我们每个人都有承受压力的极限。

承受压力的能力变强了，意味着人的承受极限改变了，而不是没有承受极限。

如果我们所使用的能量比我们吸收进去的多，那么我们就越来越难以承受压力。这样，你永远不会对什么事产生积极性，对什么都提不起兴趣，疲累不已，只不过因为呼吸而活着而已。这种感觉听起来很熟悉？在这种情况下，你对外界刺激做出的反应很可能就是沮丧。

虽然对身体的任何需求都可能是压力的来源，但我们可能不一定会将之视作压力。在我们能够承受的范围之内的压力，我们就愿意去接受它，并挑战它。但如果压力超过我们所能承受的极限，我们就可能产生相反的情绪，因为我们会将之视为对我们的威胁，我们会认为这样的压力让我们缺乏安全感，对我们的生存产生风险。

现在，我们才能够对之前的问题做出解答——即压力是否是一种心理幻想？

事实上，它是我们的身体用于衡量我们的生存安全的可测反应。

任何发生在身体内部的活动都会消耗能量，就像是使用电池耗电一样。例如，思考的过程意味着神经元放电——这种放电也需要消耗能量。我们思考得越深入越详细，大脑就需要越多的能量供应。这些能量跟我们用肌肉做动作时所需的能量来源相同：食物，经过消化转变为葡萄糖，然后再变成可用的能量。

因此，因为脑力活动而感到身体疲惫这一点也不奇怪，但许多人都不认为，认知活动也属于体力活动。笛卡尔的身心二元论认为，身体和思想是人的两个独立部分，而且运作的机制也不相同。我们虽然已经摒弃了这一理论，但在日常生活中，我们仍然会相信这种理论，认为身体和思想是两个独立的存在。

压力不断累积的效果跟这个词最初的生理定义是一样的。例如，一座桥，有一定的承重能力。一旦接近或超过了这个承重度，出现的结果就会出人意料，它如果承受超负荷重压，只要一会儿，或者即刻就会坍塌掉，这取决于重负压在其上的时间长短。

然而，建筑物和人承受压力的能力是有很重要的区别的。实体建筑是经过参数测算而设计施工的，而我们人能够承受的压力极限却不能够精确定义的，它不仅要看压力的来源和形式，还取决于承受压力的时间（短期内的太多压力也可能让我们无法承受）及遭遇压力时的状况。因此，之前我们应对的毫无压力的事件，可能在某次会让我们感觉很有压力，所有人，甚至包括我们自己，也会对自己的“压力反应”而感到惊讶。

韦斯博士将压力的产生归结为两个因素：状况的不可预知性和我们对其缺乏掌控权。虽然这样划分太过简单，但从生存的角度而言，这两者确实有很高的“威胁值”，因此这样归结一点也不令人吃惊。

想象一下，我们的祖先在丛林中寻找食物，与此同时还要小心不要让自己成为其他捕食者的食物。袭击任何时候都可能发生，不过他们并不知道袭击者什么时候出现，又会从哪里出现。如果换作是你，你会有什么感觉？会不会有点儿焦虑？

这种不可预知性——我会找到食物还是会变成其他生物的食物？——产生了我们如今所称的压力，不过这也是我们能量需求的另一个名称，无论是寻找食物还是避免变成其他生物的食物，都需要能量供应，都关乎生存：告诉我袭击是从哪里来的，这样我也会有所准备，无论用哪种方式。

虽然我们现在无须经常担心会受到生命威胁，但我们也会遭遇令人感到紧张的事件。去国外旅行的人会知道，要总是留意你的手表、钱包和其他财物，以防被扒手盗走，这会多么令人紧张。时刻担心自己的财产安全，会极大地干扰你，你就无法安心欣赏风景，品味美食。

那么控制权呢？没有掌控权意味着要听命他人。如果我们自愿听命他人，那么我们就会接受这种状况。这样，从某种程度上看，我们就处于被控制之中，因为我们决定屈从于他人或命运，并接受这样决定的后果。乘飞机旅行时，我们就既听命于他人，将控制权交给机组人员，也要屈从于命运，接受任何可能的后果。想一想那种害怕乘飞机的可怜人，他们认为，搭乘一种他们不想乘坐的交通工具飞上云端，就意味着要将自己的命运交给他们不认识的人，而且飞行期间还可能出现不可预知的意外状况。

没有掌控权的感觉，对我们的生存存在威胁，因为我们不能预见到随后可能发生的情况。对局势没有掌控权的感觉越强烈，我们就越想要重获控制权，如果尝试努力获得控制权，又尝试一次，失败一次，那么失败一次就会绝望一次。一次又一次尝试重获控制权无果，我们就会越来越沮丧，导致更多次尝试无果，失望的感觉也会愈发深刻。更糟糕的是，这些尝试可能给我们带来更多更大的问题，让我们更加烦恼，这个恶性循环会不断循环往复，你可以想象到多少种这种循环产生的恶果？

重要区别

通常，很难判断某种客观状况是不是，或者应不应该是让人紧张、有压力的，这跟我们在没有足够理由的情况下，感受到紧张有压力的缘由密切相关。在某种程度上，我们看到了“涓流效应”给大家带来的好处。这看似是很小的举措，但作用是很大的——可以让差异减少到最小，这是我第一次认识到这种效应的作用。

作为一名心理学学生，我需要做很多次实验。我第一次接触最小可视差异是这样的：在实验室里，要观察的是人未曾注意的物体移动的距离，也被称为最小可显示差异（简称JND），当时我只看到同学们忙忙碌碌地搬东西的身影，而根本没有看到搬动物体的位置差异，这就是最小可显示差异的概念。影响我们生活的不是什么轰轰烈烈的变革，而是那些随着时间流逝能够对我们有重大影响的小事件，这就意味着，如果你能够通过阅读本书而改变一点点自己的观念和看法，那么这将对你的日常生活产生重大的影响。

由于提到了压力，所以让我用如下的图表来证实最小可显示差异：

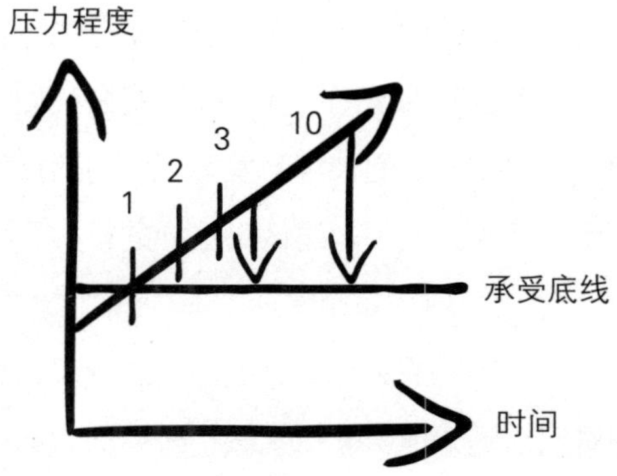

如图示，压力源达到3时，给每个人带来的压力强度并不大（图中标1、2、3处），然而沿着这个趋势一直上升到10，相比较你在1、2、3时感受到的压力，和你的承受底线，你就

能感受到10和1、2、3之间的差别。当然，由于压力源的特性，它也可能让你的压迫感一路飙升至10，不过这种情况你不会只是惊讶（想一想收到“你被解雇了”或“我想离婚”这类的短信），你就会立刻感觉到自己紧张得“快要精神错乱”了。

压力对认知的影响

如果你认为这图表简要展示了人体奇妙的功能，这一点我是赞同的。虽然经过数百万年的进化，生命体并没有变得越来越简单，反而越来越复杂了，而且生命体的进化有时会产生事与愿违的效果。人类进化到现在，并没有变得更加清楚明白——并采用任何可行的方式——做出更明智的选择，相反，我们总是很难理解自己做出的行为，并不明白我们为什么要做那样的行为。有时候，我们甚至会发现，我们的行为与自己的意图恰好相反，并且我们不知道做出这样的行为，会产生什么样的后果。

状况越吓人，我们的关注点就越高。想一想，我们的瞳孔为了让我们看明白是如何膨胀扩大的；将你的大脑比作多焦摄像头，假设你身处荒郊野外，“摄像头”正在拍摄青山碧水，和似锦繁花。突然，传来了什么奇怪的声音，你并不能确定，这声音是否代表着潜在的威胁。

你的“摄像头”镜头从扩大模式转换成了缩放模式，专注地盯着潜在威胁之声传来的方向，威胁越大，你的视线就越清晰，越细致。然而，到你所了解的情况为止，你已经知道了声音是从哪里来的，你就不会再“拍摄”其他景物，只关心这声音会不会对你产生威胁，反之亦然。这并没有什么好坏之分，因为扩大模式和缩放模式本来就各有千秋。

实际上，扩大模式也会让我们变得焦虑难安，忧愁沮丧，虽然这两者我们通常定义为情绪或特定的个性，但这里指的是我们可以观察到的行为表现，我们认为这种表现“过分”，并不是指的情绪状况，而是指的扩大模式所导致的行为太过分。

只要你认为确实存在威胁，“镜头”就会开启缩放模式，“对准”威胁存在的地方，而旁观者的角度不同，他们可能认为，这对你没有威胁，局面也比较容易控制。除非你能够改变自己的镜头设置，否则你被误导的大脑会告诉你要怎么做，这意味着你会以最恰当的方式保护自己，并拒绝所有劝你改变主意的提议，你更可能认为这些提议也对你存在威胁。

理智地判断

抵抗或逃避的机制，可能解释了我们在想要逃跑或抵抗的时候，大脑中发生的变化，并推测出这个反应的诱导因素，弄明白为什么之前能够容忍的行为，突然我们就无法再容忍了，之前我们熟悉的行为，突然让我们惊恐。

数百万年间大脑的不断进化过程仍然有很多谜团——但是这种进化出过错吗？我的答案是，一点也没有。新程序的增加只会让电脑用处更大，它可能触发其他装置，也可能引起失灵，诱发新的病毒影响整个系统等等。大脑的情况也类似，每一次新的组织进化，都会让我们的决策行为变得更加不可预测。

边缘系统是大脑的警示和提醒中心，它能让我们为自己的言行做出提示，让我们谨言慎行。当然，现在的行为反应，除了逃跑和抵抗，我们还有了更多的选项。

然而，对我们不喜欢的事物做出的行为——我们姑且这样称呼吧——仍然还属于抵抗或逃避的范畴。例如，恳求他人相助，可以缓解你与对手的矛盾，也是一种拖延战术的策略，再与对手虚与委蛇，暗中探底。如果我得不到帮助，我可以用别的方式：退出或是背水一战。

有些反应，是一种认知成分的结果，凭着本能对局势做出快速评估，再做出侵略性或保护性的行为——“思而后行”反应。它们不再是我们的先祖们对已知的威胁做出的即刻反应，而是先由我们的大脑进行认知判断，这样，我们不会马上进行肢体冲突，而先是口头上的争论。

尽管我们有了肢体冲突和口头争论两种选择，我们还会质疑他人的思想，即便只是我们自己的想法。如果我们能停止上述做法，认为我们的感觉都是自身能量所导致的，那么我们就不会做出令自己和他人都感到诧异的行为，相反，我们将能够做出理智的决定，并选择自己的行为方式，而不是感到无助而肆意发泄。那么，为什么不停止呢？

大脑中的新皮质让我们能够对状况做出辩证思考，并评估自己和他人的言行举止是否恰当。如果是事前考虑周到，我们就会有计划地行事。如果未经思考就做出了行为反应，我们通常就会情绪化，不会理性地判断事情。为什么会这样？当我们在事前考虑怎样做的时候，就会做出理性推理，理性地计划我们的行动；未经思考所做出的行为，是一种冲动性行为，只有在事后回忆的时候，我们才会理智地看待发生的事，理智的判断与冲动的判断所产生的行为是不一样的。

如果我们试图为自己的行为做出解释，我们就会说自己“太过情绪化了”，别人听起来认为是借口而不是解释。然而，你自己都不知道，你说的确实不是借口，而其理由如下。

我们身边发生了意料之外的或不愉快的事，威胁中心（边缘系统）就会刺激，释放出压力荷尔蒙作为回应，回顾数千年来的大脑进化过程，我们的生存机制保留了下来，而我们的理智大脑消失了。把枪口对准一个高智商的人的头部，你能够看到，他们眼里的恐慌之情跟我们并不那么高智商的人是一样的。除了出汗、心跳加快、瞳孔放大等症状，还会使用“缩放”机制。

这个人不仅不会想着去做能够挽救生命的行为，说恰当的话求情，还会惊慌失措，很可能做出愚蠢的行为，如试图从袭击者手中把枪抢过来。即便袭击者只是为了胁迫而掏枪，但抢枪的行为很可能会导致枪走火，让人失去生命。

虽然“缩放”模式对我们有害而无益，但我们每天都会下意识地使用它。每次感觉受到威胁时，我们就会将注意力放在那个给我们带来威胁感的事物或人身上，我们的“镜片”就会从宽角度变为缩放，这可能表现为挑选出某人所说的特定的词语和话语，以证明我们所看到的是正确的（我是对的，你是错的），或者“缩放”别人的面部表情、肢体动作或任何引起我们怀疑的事物。

令人焦虑的是，我们并没有发现，我们的心智能力还停留在最原始的阶段，即保护我们自己，免遭可能并不存在的威胁袭击。我们如果能够停下来，不只想这个该多好啊！

为了做到这一点，我们应该要了解大脑的另一个区域部位。我们不再去关心最基本的主管情绪的部分，而应该了解一下上层的新皮质部分的活动，尤其是主管理智的左侧部位。

然而，边缘系统的兴奋活动也会干扰大脑左半球的活动，正如我们所看到的，因为大脑的“警报中心”被激活了，而且没有什么其他问题，大脑活动被“下调”了，这意味着皮质活动没有“往上走”，而是刺激了“下面的”肾脏旁的肾上腺，因此引发了“逃跑或抵抗”的反应。（之所以说肾上腺在“下面”，是因为远古时候的人类，这个部分更靠近我们的大脑，随着我们的体型增大，大脑和肾上腺之间的距离也就拉远了。）

也正是这里显示出了我们作为动物的本能，我们发现了威胁，然后才做出行为——这是为了我们自己，也是根据生活经验而做出的。这种经验可能是我们之前与特定的人学的课程，或跟现在完全无关，但却让我们想起过去不愉快的经历的事物。这样的记忆被激活，我们的边缘系统就会活跃起来，我们就会说出这样的话“不要靠近我，不然……”我们可能用文雅的方式表达，也可能采用更为激烈的行为如威胁或肢体冲突。

威胁仍然存在，更多的肾上腺素和皮质醇被释放出来，对我们的思维能力影响也越大，还会影响我们的记忆。影响记忆更多的还是压力荷尔蒙皮质醇，因为它会干扰海马体活动，影响我们的短期记忆能力。

我们的“电量（压力）”越充足，我们就越不可能做出合理的行为，越回忆不出事情的详细经过。这也是目击证人作证令人惊讶的一个方面：目击者目睹事件发生时的“受压程度”决定了他们证言的可靠程度。同样令人惊讶的是，有时候，证人发誓他们“所见到的”是真实的，完全相信他们的客观记忆（相比较而言）是对的。某些对照实验显示，即便有与证人所述相反状况的录像为证，证人们仍然对视频所展示的真相持怀疑态度。

就此，我们可以说，左脑活动与压力水平高低有直接关系。压力水平升高，我们的识别能力就会有所折损，相反，我们感受到的压力越小，我们的理性思维就越活跃。

我们在后文中讨论情绪及它们对我们的思维能力的影响时，还会再用上以上的图表的。

好压力，坏压力?

我们要明白一点：压力是一种适应性反应，也是我们身体天生的警报系统。我们体内总有肾上腺素，而我们这里讨论的是释放多余的肾上腺素和皮质醇，这样的反应有两个目的：激活生存机制反应，释放必要的能量以摆脱压力给予者。压力的承受限度和时长决定了压力对我们产生的危害程度。

当然，压力是有好坏之分的，比如处理不幸的灾难事故和准备婚礼，同样都会让人觉得紧张有压力，但产生的效果显然是不一样的，这是肯定的！但是，话说回来，在没有经历婚礼给你带来的压力之前，你能够享受多少次婚礼？

好的压力会不会多到难以承受的程度？就我们的生理机制而言，我们兴奋的原因并不重要。当身体察觉到需要能量时，它就要产出适量的能量来满足需求。我们享受这个活动过程也是次要的，不过虽然人们的身体会经历对自己有益的压力感，但这种有益的感受还是可能会给我们造成危害，人可能会因为过度兴奋而死于心脏病——下葬念悼词时，我们可能会说他是在“做他所喜欢的事而去世的”，因此，所谓的好的压力太多也不是好事。

好坏（有破坏性的）压力的区别，应该可以用我们在经历事件时所产生的压力程度表现出来。我们对压力的需求越接近我们能量的供应能力，我们就越可能经受对我们有消极影响的压力。

换言之，做我们所能掌控的事，和我们喜欢的事，所承受的压力，我们就称为好压力，而做我们所不喜欢或者能力之外的事件时所感受到的压力，我们就称为坏压力。然而，这也只是我们在心理上对它们进行的区别，我们的身体在经受这两种压力时产生的反应是一致的。

即便是好的压力，也可能需要大量的能量，因而损害我们的健康，

除非我们甘之如饴，不称之为压力。

适当的压力

我们之所以患各种疾病，乃至癌症，通常都被归咎于压力，其实这是一种误解，造成身体出现问题的，其实不是压力本身，而是压力对我们的身体系统产生的影响。它削弱身体的防御系统功能，然后你就没有足够的能量来抗击疾病，你的身体系统遭到癌细胞的侵袭也无力抵抗。

从实际的角度来看，这听起来并没有什么不同，然而不同之处在于防治。如果你意识到自己处于“高压”状态，在你的免疫系统对抗压力侵袭之前，你就能将压力降下来。

我们现在认识到了，压力让我们做出反应，它不是我们的敌人，而是我们的助手。对抗压力的反应就像是击打信使一样，这是不管用的。

在第二部分里，我将介绍一些避免与抵抗压力的策略。

第 4 章

建立自我的边界，守住内心世界的秩序

常听人说：“瞧，他怎么生气了。”我们既不知道他的情绪究竟是怎样产生的，也不知道他生气时做了什么。我们只是知道，他生气了，事实上，他可能只是感到惊慌失措，因为他认为的威胁并没有发生，但对观察者而言，他“生气”了。

这让我们混淆了行为和行为之后隐含的情绪。我们认为推动行为的能量变成了行为本身。如果我们见到有人生气了，她可能会用某种明显的方式表达出来，不然我们还能有什么别的办法判断她生气了呢？

然而，我们已经知道，边缘系统是如何刺激压力荷尔蒙，使身体系统防御真实存在或是潜在的威胁，以保护你的。身体系统释放了压力荷尔蒙，身体就会判断危险即将来临。

在某些情况下，听到“不”字也可能被视作威胁，这可能意味着计划被打乱，期待的目标可能完不成，或者享乐受到了干扰。

将简单的、相互矛盾的事件联系起来，就会造成错综复杂的局势。两个人聚到一起，错综复杂局势的种子就已经种下，可能是两人的兴趣爱好、个人目标、价值观念、对事物的轻重缓急的看法不同，也可能仅仅是在错误的时间做了正确的事。虽然有这些差别，但这些不同都可以定义为个人的身份背景差异。

复杂事物的单纯性

为什么在迷宫中容易迷路呢？是因为所有的通道都联系在一起，通道中有很多障碍吗？让我迷失方向的迷宫没有障碍，糟糕的只是那些弯弯绕绕弄得我有点糊涂而已。复杂性并不在于迷宫组件的难解，而在于我们并不明白这些弯弯绕绕是怎样联系组合起来的。我们了解了每一个神经元的结构和功能，就能够了解大脑的组成。让人难以理解的是，这些神经元结构是如何协同工作的，大脑是如何构建、组织、管理并激活它们的，更复杂的是，相同的连接可以在不同的环境中联系起来，并且满足我们完全不同的需求。

神经元在某些情况下连接并活动，而在某些情况下并不连接、活动，这就形成了一个复杂的系统。换言之，复杂的结构是由简单的组织组成的。

不清楚神经元活动开始、改变、连接等的“边界”，我们就无法确定这些结构的组成和运行方式。

情绪——非理性的力量

法国哲学家笛卡尔提出“我思故我在”的理念，开启了西方哲学的先河，并奠定了“理智”在如今哲学科研领域的最高地位。笛卡尔既是数学家也是哲学家，他抛弃了不可知论，提出了思想与身体相区分的二元论，并认为，思想总是控制着身体。然而，身体也会对理性思维产生影响，例如太过激动或不理智的时候做出的行为。直到新科技产品如磁共振成像和正电子放射断层造影术的出现，我们才明白笛卡尔的二元论是错误的。身体是真实的存在，思想却并不是神秘的现象，而只是我们大脑的功能而已，就像步行是腿的功能一样。

虽然这是被现代科学所认可的观点，然而我们潜在的想法是很难改变的，谈到思想的时候，我们仍然因为了解不深而带着崇敬之情。而提到情绪的时候，我们就更加糊涂了：情绪是什么？它们是从哪儿来的？

我们虽然都有感觉（我认为感觉和情绪是可以替换的），但却不能像判断客观事物一样明确它们的定义。我们能够与其他人分享我们的感觉，但要将它阐述清楚却不一样。你会怎样描述你的痛苦呢？情绪无法被察觉、测量并品尝，但我们仍然不能否认它们的存在，至少在个人体验的层面上是不能否认的。我们无法将情绪量化，因此你无法像我一样体会到它的本质。

虽然我们描述时用的词语是一样的，但我们所表达的含义却并不总是那么清晰。更重要的是，我们误解他人或被他人误解，都是没有恶意的——我们只是不能或不愿意像接受自己的观念一样接受他人的观念。

为什么情绪这么难以定义？其困难程度我们可以从无数首情歌中体会出来，它们都代表着关于同一种情绪的不同经历，如果确实很容易定义，我们只需要一首情歌就可以了。

表达某种特定的情绪，全世界的人面部表情可能是相似的，然而这些情绪的深度却是无法描述的，我永远体会不到你的确切感受。

不同的人表达的相同情绪只是名字相同，我们充其量只能体会这种情绪本身，而不能体会其深浅。

对此，可以简单解释一下。比较一下一位在非洲原始丛林中长大的孩子和一位在城市中长大的孩子。他们的经历会相同吗？对同样的状况会以同样的方式做出反应吗？这个答案显然是不会。面对特定的问题，他们的反应是根据成长过程中的经历和经验而做出的。他们各自的生存环境会培养出最适合他们生存的感知力，并影响他们做出的行为。此外，他们的父母和同伴的社会期望，会使他们更容易接受某些选择。“天生”或“后天培养”的影响，甚至能决定他们是否认为某种特定的环境是一种挑战，这也为我们为什么对不同的情绪体验不同做出了心理学解释。

同样地，为什么某人对某个事件完全无动于衷，而他周围的人却都热泪盈眶，这个问题的答案也众说纷纭。

以上这些又引出了下面这个有趣的问题：为什么有的人比其他人更容易受到惊吓？

为什么面对同样的境况，人们做出的反应各不相同？为什么一个人做出的反应会让他人紧张难安？问题的答案包含两个方面，一个与大脑的活动有关，一个与童年经历有关。

大脑的活动

杏仁体对输入大脑的信息进行评估，并确定哪个是威胁，哪个不是。但它是怎样区分不同的信息的呢？虽然我们生来就有大脑，但它的功能却是在不同的时段发育完成的。与大脑的进化一致，最基础的爬虫类大脑总是在运行，维持呼吸和人体的其他基本功能。相反，边缘系统和新皮质则需要输入信息来运行功能，就像是电脑需要各种程序来工作一样。

对边缘系统，尤其是杏仁体而言，输入的信息是由婴儿的经历，以及经历中所产生的感觉所提供的。这种信息的输入在生命开始的前三年就开始了，这时候，我们的理智也开始形成。数十万年来，人类的大脑体积增大了不少，直到女性的骨盆容不下了，与其他动物相比，我们是在大脑未完全发育好之前，就出生了。

虽然形成了结构，但新皮质是在人 3 岁时变得活跃的，这时候我们有了使用信息的能力，思考的能力也逐渐形成，而其发育成熟的速度也很快。据说，在生命的前六年里，大脑的神经元联系发育得比其他时间段多得多。

自出生起，我们就开始接收信息，由于理性思维还没有工作，所以我们都是用情绪来表达对事物的看法的。这些信息及所代表的情绪储存在大脑里，我们的边缘系统会将这些信息与新接收的信息进行比较。这个情绪标签，在受到相应的刺激时，大脑就会反应，并生成必要的机制，我们称之为“压力反应”。

因为这个过程在发育的最初阶段就开始了，像弗洛伊德这样著名的精神分析学家和神经心理学家也对此进行了研究，就很容易理解了。就像建筑的根基决定了其在风暴和其他外力影响下的稳定性，童年时的经历也影响了人在成年时对挑战的接受程度和解决能力。有缺陷的根据并不会让房屋随时倒塌，但如果有风暴或洪水侵袭，这样的房屋就有倒塌的风险，换言之，更可能受到损害。

如果童年时的环境是令人愉快的，并没有过重的负担，而且比较简单，那么他就会认为这个世界是一个安全的地方。平和安宁的环境会让我们的杏仁体不那么活跃，这样，我们的神经元才会发育出来，大脑的潜能才会得到更好的发展。

然而，如果孩子的生长环境充满变数，或者孩子总是被父母责骂，总是挨打（或者想一想一个在矛盾冲突不断的环境中长大的孩子），小孩子的大脑里就会出现很多压力荷尔蒙，这样的孩子就会很容易激动，非常害羞，个性内向，或者我们能够通过他们肾上腺素的释放方式，判断他们是容易树敌的人。

过分活跃的杏仁体首先投入了保证生存的工作中，因此它总是在搜寻危险信号，并为可能出现的糟糕状况做好准备。这种持续的活动抑制了神经元的生长，而且不利于构建健康的神经元通道系统。

当然，还有其他非常重要的因素，如遗传素质或父母亲容易激动、焦虑，或者相反，太过闲散舒适的生活等。孩子从所有的经历中学习，每一种经历都帮助他们形成自己的世界观，帮助他们了解周围的世界，让他们认识到该如何反应，该做些什么，该避免什么。根据这种早期的学习经验，我们称之为内隐记忆，杏仁体将孩子已经经历过的事件定性为不受欢迎的或有潜在危险性的。

没有这些情绪标签，我们的经历都只是事实，就像数学方程式和语法规则一样。正如你可能观察到的那样，这些信息都被储存在我们的左脑中，与情绪没有关联。

就像电脑一样，杏仁体还接收对外部世界的情绪信息，不过还是保留了最初的功能，即对任何潜在的威胁做出反应。我们还可以这样看待这个问题，即认为婴儿的经历可以成为他们观察和认识世界的“眼镜”。这样，根据早期的经历，他们在不同的时间会认为世界是危险的、安全的、不变的、吵闹的，或者以上几种兼备。因此，这就回答了杏仁体为什么会活跃，接下来，我们来看看它会在什么时候活跃。

童年经历

我们将杏仁体比作电灯开关，正如我们之前所见的那样，受到刺激的时候，它就会按预定的方式做出反应。孩子的经历中现在增加了“灵敏度传感器”系统（类似于你一经过就亮起的声控灯）。

根据孩子接收到的信息、孩子经历的深刻程度和情绪威胁值，如果这个触动因素的活动程度处于最低限度，该系统就会“一触即发”；如果其活动程度处于最高限度，灯亮之前就需要多用力。一旦这个诱因激活了，系统就会释放出压力荷尔蒙。

在培养孩子的敏感度方面，孩子的主要照顾者扮演着重要角色。控制情绪或产生情绪需要的能量，最初就是由主要照顾者教导的。婴儿会模仿母亲做出的行为和反应。母亲和孩子共同经历会让孩子形成“内隐记忆”，在面对事件和挑战时，这些记忆会让他们做出行为反应，表达自己的观点和态度。

同样地，我们的需要——通常与我们的强烈情感相关——在早期的生活经历之中就形成了，童年和成年期，无论花费任何代价都想要达到的目标和要避免的事物，都是由它们决定的。这些需要的基础虽然很早就埋下了，但后来通过我们的努力，我们的需要才明确下来——无论是否真的达成了预定的目标。还会受到世界对我们的努力给予的回报的影响。这教会了我们，在追求幸福的时候，我们要更加机灵、仔细、更狠、更随和或眼光更敏锐。换言之，我们周围的世界塑造了我们追求自己期待的幸福的最初方式。最终，我们也可能改变为自己设定的目标，但也不一定会真正改变，因为这需要有意识地努力，如果不能达成既定的目标，我们才会再看看是否需要改变目标，并做出理性的决策。有些人一直追求难以达成的梦想，只是下意识地想要治愈很久以前别人对他们所造成的伤害。

左脑以惊人的速度进化的同时，主管情绪的右脑的进化却停滞不前。我们的感受方式、产生的感觉以及对不同刺激做出的情绪反应在大脑发育的初期就已经奠定了。就情感学习而言，一旦你体验到了各种情绪，那就没什么别的可学的了。没有什么“更好”、更高效的体验情感的方式。这与理性的左脑不一样，左脑能够学着对不同的情绪做出不同的反应，改变我们的行为模式，或干脆不做任何反应。

左脑可接收的信息数量没有上限，但情绪却都是我们在婴儿期就已经体验过的那几种。即便是患了痴呆症，理性大脑的功能完全丧失了，我们仍然能够做出害怕、高兴或讨厌的表情。

被误置的责备

有助于我们大脑功能发育的幼年经历，也是我们以后认为别人能让我们快乐或导致我们产生其他感受的缘由。

想一想如下的状况：婴儿在高兴地玩耍，认为最有意思的事就是将手指插进墙边的插座里。母亲见到这种事会怎么做？她大声呼喊，将婴儿的手用力拉开，让婴儿不再快乐。

婴儿对这样的状况除了会做出反应，还会产生情绪。如果说之前他很高兴，受到这样的打扰之后，他就会难过、失望，总而言之产生的不是好的情绪。而导致这种情绪的是母亲，因此婴儿做出了这样的结论：妈妈让我难过，这是很容易理解的。

从婴孩的角度来说，这种想法是可以理解的，但不幸的是，作为成人的我们也有这样的观念。因此，我认为，总是责备他人，让我们产生了某种感觉，这种行为方式难以改变，但我们应该成长起来，不要再受这种方式的干扰了。

“野兽比美女多”——认识你的情绪大脑

区别左右脑的一种常用方式，就是将右脑当成“原始的”大脑，边缘系统主管这部分大脑的活动，这些活动我们如今称为“情感”。左脑的初始功能与之正好相反，我们称之为理性思维，而不是（本能的）反应。

我们按下电灯开关，电流经过电线，灯就亮了，无论白天还是黑夜都是如此。同样地，被激活了之后，杏仁体就开始运作，而且分不清真正的威胁和潜在的威胁，也不清楚威胁的本质如何。

应用于夫妻关系之中，当我听说我的配偶和我意见不同时，这可能代表着几种不同的“威胁”，如她想要离开我，我受到袭击时她不会维护我。不做更复杂的心理学解释，嫉妒也是我对威胁做出的一种反应，如果有其他人挑逗我的妻子，这就威胁到了我的生存，至少从男性的角度而言如此。而对女人来说，没有丈夫帮忙，喂养和保护孩子就更为艰难。从最初的分析来看，这是一种本能的反应，无须任何宗教和社会理念的干扰。

恐惧感让边缘系统开始活动，身体就会提供我们的任何行动所必需的能量，我们可以用如下的公式表示：

威胁→压力＝能量→情绪→行为

现在的问题是，这种刺激或能量是如何释放的？我们通常将性兴奋与性爱活动混为一谈，而性爱活动通常会让我们感觉愉悦。因此，将它们混为一谈就让我们忽略了一个事实，即性兴奋也可以让我们很难受。甚至，有时，我们也会想摆脱性兴奋的状态。从生理学角度而言，性兴奋的状态是整个活动的要点。事实上，性兴奋的作用就是帮我们摆脱这种状态。这听起来很奇怪，因为这就意味着这种感觉给我们这样的提示，“我来了，摆脱我吧”。将它与火警铃做类比，火警铃声响起，就提示你要去救火了，因此你就要先关掉这种吵闹的铃声。

兴奋反应就是提醒我们的系统为真正的“任务”做准备的警铃。

另一种“兴奋”反应，名为“紧张”，体现了肾上腺素和兴奋之间微妙的关系。“紧张感”不足，我们的行为就会没有生气、无聊；但如果太过紧张，你就会忘记你自己的角色，甚至不敢上台。

以前，当我们的肾上腺素开始作用的时候，我们只有逃避或抵抗两种选择，这是身体的生理反应。正如现在所见的那样，我们的反应技能已经得到了相当大的提高。我们觉得受挫时，可以用力关门，或者大喊大叫。你甚至还能回想到，有时感到受挫时，你都哭了出来。想一想那些只能用哭声表达受挫感的小孩，长大了之后，生气（受到了刺激）或因被误解没有得到他们想要的东西，认为自己无法表达自己的感受和需求而感到沮丧的时候，他们可能会往地上扔东西。我们只看到了他们的行为，却不理解他们的想法，我们只有了解了事情的来龙去脉，才能理解他们的想法，如果不去理解，我们就不明白，他们哭，到底是为了什么，是因为沮丧、生气或难过吗？如何应对“兴奋”，这是我们的心理反应，我们是根据过去是怎样摆脱困境，怎样追求目标和梦想，或任何能够让我们感到轻松的经历而决定的。我们无法阻止这种心理反应的产生，但我们可以控制它。

产生了坏情绪，我们会很难过，可能会哭泣，不停地跑，不断地砸墙或者打人等，但并不是按顺序全部做到。通常，只要做一两次，我们就能够恢复平静。这本质上都是个人的选择，每个人都有自己的方式释放出边缘系统所产生的能量。然而，所有这些反应只是我们应对真实或潜在威胁时，释放能量的不同方式。

人之所以认为有威胁存在，是因为大脑的生存功能在提醒他，这种生存功能高于其他的一切。我们遇到的任何状况、事件、行为、生物（人和其他动物），只要是意料之外的，我们对其又没有掌控权，我们就会认为它对我们有潜在的威胁，我们就会释放出压力荷尔蒙，而且会变得很“兴奋”。

所有的行为和活动，首先是出于生存的本能，如果道德和群体意识、利他主义、宗教信仰、友情和对后果的恐惧凌驾于这一生存本能之上，我们就会接受“女士和孩子优先”的理念。然而，并不是每个人在任何情况下，都会让这种思想驾驭自己的行为，有时他们做出的举动，与上面的思想相违背，正好印证了“人不为己，天诛地灭”这句话。

理解情绪大脑

情绪大脑之所以难以理解，是因为我们很难表达清楚这些情绪。情绪活动是右脑活动，而我们的思维，以及用语言表达思想的功能则是受左脑控制的。右脑主管所有增加我们生存机会的功能，如理解非言语信号，而左脑则负责理性思考、计算、按因果关系排列事件、组织整理、记录日期，这些都是左脑的功能。我们的情绪大脑缺乏时间概念，也就是说，它体会到一种感觉，就会一直沉溺其中，就像永远不会离开了一样。当然我们的真实感受并非如此，因为我们的理性大脑会干涉进来。例如，当我们有疼痛感时，我们的第一个想法并不是“没关系，只要过几天就会好了”，如果有这种想法，也是后来才出现的，而且通常，我们还会对疼痛的持续时间做出推测，并希望这种推测是正确的。然而，我们感受到疼痛之后，无论是心理上还是生理上，希望持续时间短暂的想法并不是我们即刻做出的反应。

要明白右脑的功能运作，先观察一个蹒跚学步的孩子，然后用他们不喜欢的方式干扰他们。即便你只是想加入他们的游戏之中，如果你做出了与他们的想法相悖的行为，他们很快就会流下泪水。如果你改变自己的行为，做出让他们高兴的事，很快，他们就会收住眼泪，重新咯咯大笑起来。我们可能会称之为“王子病 / 公主病”，其实，这不过证明了年幼的孩子的行为是由下丘脑主导的，也就是说，他们的活动是大脑的边缘系统控制的，这样，他们既不会思考，也不会进行分析，而且没有时间观念。试着告诉这样的孩子现在离圣诞节还有两天！你还不如不说呢。

孩子的情绪是原生的，不会减弱的，而且程度范围上是无限的。随着年龄的增长，他们的认知能力开始发展，才能够控制自己的情绪。只有我们的思考能力得到了发展，我们才能用特定的观点来看待发生的事件，这时候我们才能够忍受所出现的状况，而不会感到焦虑、失望，甚至绝望。

以上所述的关键词是这种发展的程度。有时候，我们可以自如应对某些压力，然而有时候我们面对同样的压力会感到不堪重负，面对明显很少量的压力感到崩溃。这是因为，有时候我们在做出行为之前会对事件做出推断思考，而有时，我们只会做出行为反应。

虽然我们稍后会详细讨论“边界”的实际应用，但这里还是举一个小例子，说明该如何设定“边界”，以提醒你该如何看待你的经历。从神经科学角度来说，这意味着你为你的经历添加了理性思维，将经历信息从你主管情绪的右脑转移到了主管逻辑思维的左脑，这时你就可以用任何喜欢的方式处理事件。

例如，你可以提醒自己没关系，以后你会得到属于自己的东西；提醒自己对方也感受到了压力，或者提醒你应该控制自己的行为举止，做出合情理的反应，而不是像漂流的浪潮一样四处游荡——不假思索就做出了反应。

右脑主管生存的功能意味着，从进化的角度来看，它才是更原始的大脑半球。右脑也会提示我们自己想要什么——我称之为“孩子的大脑”：我想要所有的一切，现在就要。我认为，它最接近弗洛伊德对我们的心理状态理论模型“本我”的描述。右脑不会让我们考虑自身行为的后果，也不会让我们考虑其他人的权益。事实上，它根本就不思考。更糟糕的是，它没有左脑所特有的语言中枢，无法传达出为什么要做出所做反应的信息。

左脑（确切地说，是左脑的前额皮质层，也就是大脑主管“思想”的部分）才能让我们做决策，控制住我们的右脑主管的冲动行为，如有人踩了你的蓝色羊皮鞋，虽然你很想杀掉他，但你的左脑会提醒你，你不能这样做。

这是我们的社会大脑工作的结果，它会阻止我们做出让自己后悔的行为。

这也可能是我们认为自己是理性动物的缘由。因为左脑主管语言，且有特权让世界知道它所想要的东西，它总是在告诉世界——也提醒自己——人类是最理性的动物。这是谎言！

没有什么比这更荒诞的了。无论我们是否喜欢这一点，我们仍然与远古时候的人相似，而且相似程度高到我们根本不愿意承认的地步。大脑最重要的功能不是让我们具备了飞向月球的能力，而是确保我们的生存。受到威胁时，右脑就会主管我们的行为，而左脑则试图对其后果进行解释。

换言之，在左脑做出相应的解释之前，我们的右脑就已经决定了我们接下来该做什么。这一点我们可以通过实验来证实。通过观察脑部活动，在被者做出决定之前，研究者们就能够推断出他们会做怎样的选择和决定。在日常生活中，我们称之为文饰作用[①]或“掩饰”，如果有人要为不合理的事物做出合理的解释，这个过程肯定是很揪心的。

情绪大脑的运作机制如下：我真的很想要一辆跑车，除了这个关键词“想要”，这个想法真的很不错。首先，这个愿望正在指引我做出行为，此时这是下意识的行为。其次，因为“想要”是我所能负担得了的。然后，我看到了这一款漂亮的跑车广告，这很便宜，确实很便宜。不买就是罪恶，数年之后，这种车肯定会升值，我要是现在不买，就没有机会收获巨大的一笔财富。它太便宜了。但是，便宜并不意味着能够负担得起，经过一番思考，我认为车肯定会升值，应该买下。不是因为我总是想要一辆跑车，我甚至承认，这根本不是理由，这是我的决定——而且看起来很合理，是正确的。

---

① 文饰作用，是指人们在受挫后会想出各种理由原谅自己或为自己的失败辩解的现象，又叫合理化的适应，为西方心理学界用语。

上面这个例子，证实了右脑是怎样做出想要做的决定，然后通过左脑的理性思维进行确定的。

情绪表达

大脑对主管情绪和逻辑进行了分工，主管逻辑的部分还主管语言，这样的分工意义深远。虽然我们能够感知情绪，但却不能将情绪直接通过语言表达出来，因为语言中枢位于左脑。难怪我们很难说出自己的感受，我说的是确切的感觉。任何描述都只是很接近真正的情绪，还要记住，语言只是表达情绪的工具。

我们现在正在经历某种感觉，这个我们无法直接表达，而是将信息传送到左脑，而左脑起初也不明白情绪是什么。相反，它需要从右脑获知输入的信息，以便从储存库中找到能够代表右脑所传达信息的心理学名词，然后再转化为我们的语言，以此让我们理解情绪。

假果你跟我的语言不一样呢？那么，我的所有努力就会付诸东流！不幸的是，我们情绪的最终结果也是如此——我们无法用语言确切地表达自己经历的感受。我敢肯定，在试图表达最真实的感受时，感觉就像在说外语的肯定不止我一个。我们对一个人的情感投入越多，我们就越难以表达自己的情感——显然，这是很痛苦的。某些人可能将这样的经历称为不计回报的爱，而有的人称为恋人间的争吵，还有的人称之为婚姻。对那些更加成功的人而言，这意味着，你已经接受了不可能的事，并决定按照你认为它们所代表的含义去做。

我们可能觉得用语言表达感受很困难，甚至是不可能做到的，我们可能更擅长用非言语行为表达。一个动作或一个面部表情，所表达的情绪比语言更加明白。只有能够理解这些非言语类表达，我们才能够更准确地弄明白彼此的情绪。

我们虽然是人类，有逻辑思维能力，但不幸的是，我们不相信自己的感觉，而是相信我们的右脑所传递给我们的信息。我们想要了解真相，我们看到它，听到它，感受到它，然后却对它不予理会，因为我们不相信自己的眼睛和耳朵。正如弗兰基和南希（西纳特拉）的歌里所言：你说了“我爱你”这类愚蠢的话，破坏了我的好心情。语言变成了干扰因素。

我该怎么做？相信总是被误导的直觉，让两人用右脑交流才更直接、更真实。静静地坐在一起，彼此握着双手，深深地看着彼此的双眼，这样做很有意义，甚至被我们搬上了电影屏幕，我们总是能看到这样的镜头。

怎样平衡理智和情绪

情绪与理智是对立的两面，而且有时，我们表达情绪的方式会对他人和自己造成巨大的伤害。但尽管如此，我们也不会不理会自己的情绪，除非我们丧失了人性。它们是我们为人的一个部分，没有它们，我们就与机器人无异了。

我们怎样调和理智与情绪呢？怎样让这天平保持平衡呢？

谈论情绪与理智时，用好坏来评论它们是没用的，更好的方法是用有益和无益来评判，因为你有时候会变得太过情绪化，也有时候会显得太过理智。

我们做过的决定，都会对之后的生活产生一定的影响。太过情绪化的时候，不适合做决定。因为情绪变幻无常，所以情绪化的时候做的决定也是容易改变的。有时候，别人告诉你要相信自己的直觉时，你才会明白，你又做错了决定。正如我所说的那样，情绪变幻无常，在理性的冷光之中，情绪是无法堆积起来的。

那我们就选理智了？不要这么快就做结论。我们举一个理性思维的极端例子。一位经理在圣诞夜解雇员工，因为他认为，这是最好的时机，因为他和员工都可以重新开始新的一年。换个角度讲，这种人是典型的不懂社交的人，我们以前认为这是有精神障碍的表现，别人的想法，他们根本没有概念，也不会关注，更不懂得尊重。

那就什么也不选了？

做决定的时候，我们需要把握这两者的平衡，如果完全理性化，我们就不会情绪化——反之亦然。用数据化图像来看，情绪和理智的关系是成反比的，一方上升，另一方就下降。

你可能会回想起你与某个密友争论的场景，争论的热潮过了之后，理智回归了，我们就会为头脑发热时所说的话而感到后悔。许多意料之外的事也证实了这样一个事实：随着激情涌入，理智会悄悄地退居一隅，直到晚些时候才会成为主导——有时候这个时间也可能会太迟了，以至于无法挽回局面。

我们的问题是，两者都不需要太过分。试图提醒自己，在情绪化的时候所做出的决定，会随着情绪的消退而消退的，以此来维持平衡。因此，合适的建议是：明天再说！

把情绪当作能量，那它就会推动你做出恰当的行为。能量被逐渐消耗殆尽，你才会做出更加理智的决定。如果情绪（能量）控制了你，那么它就会影响你的决定，让你去满足自己的情绪需要，而不是按照理智行事。

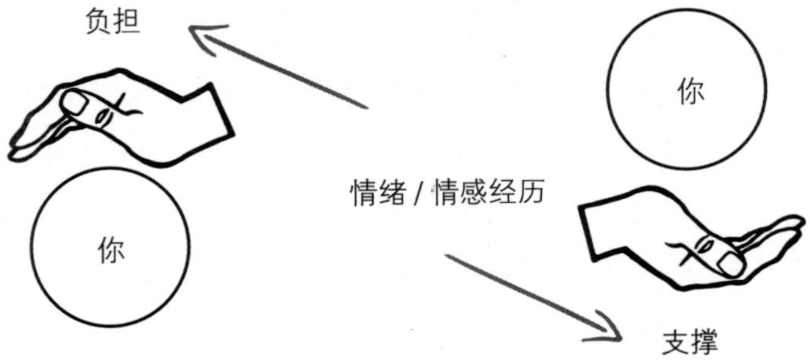

情绪：是压力还是支撑？

问问你自己：情绪是让我有压力还是给我支撑？我试图用以下的图示来表达语言可能表达不了的意思。你可以用生活经历取代情绪经历，结果也是一样的。

我的情绪是压得我喘不过气来，还是成了给予我能量，让我能够处理问题的东西呢？我们只需要从下面跳起来，站到上面就好了。（虽然我用了“只”这个词，但这个动作可不是那么简单能够完成的）

这同样适用于我们所认为的积极情绪，因为它们有时候和消极情绪一样是对我们有害的。当然，情绪本身是没有积极和消极之分的，我们这样区分，是由我们的表达方式以及在感受到这些情绪时所做出的行为而决定的。

处于压力状态下的行为

我们做出的行为，其实是大脑选择的结果。我用“选择”这个词，强调的是，虽然我们做出特定的行为看上去是无意识的，但实际上，大脑还是进行了选择。虽然我们会感觉我们只能做出某种行为，但其实，我们还有别的选择，如果我们真的认为没有别的选择了，那就是欺骗自己。

在压力或强迫下做出的决定，也是他们自己的决定。有的读者可能会接受这种观念，但许多人会排斥这样的观念。先前我举出了英雄行为的例子，他们在生存遭到威胁时，做出了牺牲自己的选择，这好像说明，我们面对侵害时，就没有了选择的余地。然而，除了依靠道德信念，我们还有其他的选择，能帮我们完成同样的目标。

一般来说，面对威胁的时候，我们自然就会做出“抵抗或逃跑”的行为，我们什么也不想，只是顺其自然行事。我们对威胁做出评判，然后决定是该快速撤退，还是奋力抵抗。

无论我们是否赞同，抵抗或逃跑的行为，都是我们实实在在做的一次选择。从这个层面而言，逃跑或是抵抗的举动就代表着我们做出的决策，不然面对威胁的时候，我们就只有一种行为反应。

大脑一旦做出了决定，我们接下来的行为就不经过理性思维了。如果决定抵抗，那我们就会坚持到底，直到威胁解除了为止；如果决定逃跑，那我们就会不顾周围的人（想一想群体性的恐慌事件），一直跑，直到安全了或是没有力气了为止。

每天，我们都会遇到选择的考验，让我们学着进行选择。如果遇到了难缠的老板或同事，我们可以选择不理会对方，回家遛狗；如果老板不重用你，你可以安慰自己，“总有用得上我的时候”；如果同事要求你把自己的事情稍稍延期，先给他帮忙，你可以告诉他，他的事情必须由他自己处理。

我们很容易说出“我们没有别的选择”这种话，用以逃避为自己的行为承担后果，因为承担后果的行为令人难以接受，我们实在不能做出承担后果的选择。这可能在某种程度上能够抚慰我们，但却留下了一个很重要的问题——虽然我们不认为那是个选项，但我们仍然做出了那个选择——因此我们都是在愚弄自己。从那时起，我们就会用自己的“眼镜”看待这个世界，用我们自己的理解去解读他人的行为。

试想一下，你曾遇到了一次麻烦，你只按自己的想法去面对，认为没有别的选择了，事后有人就此事质问你，指出你能够做的两种选择，而你却坚持自己所做的，并且为自己的想法和观点做辩解。你可能认为他的想法是不理智的，认为对方是在攻击你，或者认为他很愚蠢，他对你有敌意，或者他个性上有缺陷。

这个评判会影响到你们的交往，你可能会意识到，严重的争吵发生后，断交只是时间问题。

这样的状况会让我们的生活更加复杂。我们只要接受“我们所做的每一种行为都是经过选择的”这种观念，那就能避免生活中的许多麻烦。

你可能会说，你做的决定是唯一合理的。你要诚实地面对自己，你确实是做出了选择，这样你才能诚实地面对他人，你确实做出了最适合你的选择。如果你想要知道还有什么别的处理方法，你可以去了解一下，在类似的状况下，别人会怎么选择。只有你愿意，你才会主动了解。相反，如果你不认为别人的质疑是对你的攻击，你的大脑就会接受他人的信息。

第 5 章

尊重他人的边界，不做“以爱之名”的干涉

在举出特定的事例阐述理论之前，我先简单介绍一下情绪和压力之间的关系，并画出相应的表格，来说明侵犯“边界”与压力之间的关系。

我们已经确定，情绪是由最初的抵抗或逃跑反应进化而来的，否则，我们就会认为，任何有边缘系统的动物也会经历我们自豪地命名为人类特征的情绪变化。

虽然这似乎表明了一种比我之前提出的更复杂的情绪控制机制，但在我看来，这是没问题的。我只是提醒你们，边缘系

统对情绪产生的作用，这让我们可以更清楚地明白，不同的情绪是如何产生的，我们又是如何体会到的。然而，这却不在本书的讨论范围之内。

另外，心理学研究表明，焦虑、失望和压力虽然名称不同，却拥有共同的特征。我认为，生理上的反应是我们面对压力时的第一反应，且导致了我们随后做出的不同行为。这时候，失望和焦虑的差别才体现了出来。事实上，压力反应是大脑做出“身体急需能量”的判断之后所做出的。

让我再打个比方，就像我们进行的消遣一样。时间充足的时候，我们就会完善所拥有的东西：不起眼的汽车，会变成豪华轿车和跑车；滑雪不再是靠身体协调去完成的动作，而成了一种运动，技巧也因为装备的更新而发生了变化。简言之，事物因为给你带来了乐趣而得到了完善。大脑也是这样，因为有了丰富的经历，而发展出了更好的机制。

不可预见性、失去控制以及任何我们用于描述紧张、压力的名词，将这些概念联系到一起，我们才能够逆向思考。这些感觉（失望、焦虑、着急、恼怒等）提醒我们，我们的身体系统正在对一种或者多种压力进行反应，这至少说明，这些压力会给我们造成威胁，让我们不能愉快地生活。

我们可能会考虑一下引起这些情绪的事件和状况，并用不同的名称定义我们在释放这些情绪时做出的行为。我们可能还有更完美的方法来表达或隐藏情感，但是，从根本上来说，我们会找正在运转的大脑的原始部位——右脑来完成其主要任务——确保我们的生存，因为我们也不确定会发生什么难以预测的情况，我们感觉对事情的发展没有控制权。这可能是因为，事情发展的结果超出预期，但又是不可避免的，我们没有别的选择。

当你感到有压力的时候，就创造一些能够按你的想法去发展的状况，来增加你对整个事件的控制程度。从理论上来说，事情就是这么简单，从实际上来说，实施起来也并不困难 . 这样我们就能很快扭转局势，改变糟糕的状况。

压力与侵犯“边界”之间的关系

我们已经了解到，面对一种糟糕状况，为目标而努力拼搏，试图解决你没有掌控权的状况时，你必须接受任何可能发生的事，而且只要处理好你对出现事件的感觉就可以了。你可以使用应对策略，而且不会因可能出现的失败而沮丧。

然而，如果你将外在的、不在你掌控之内的问题视作自己的问题，那你就在自身上创造了一种你无法掌控的事物。

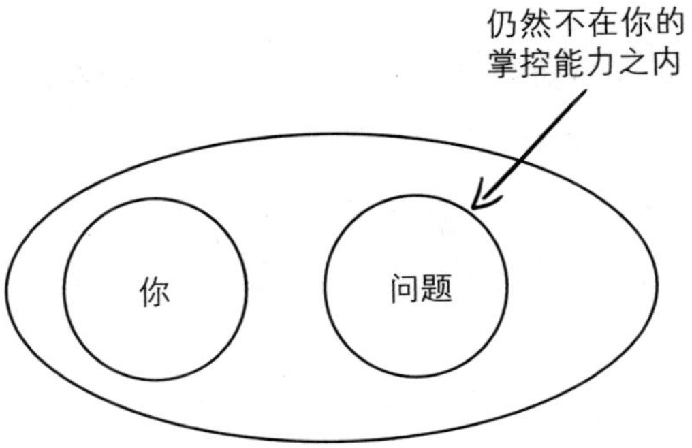

你和问题之间的“边界”消失了，你现在与问题融为了一体，但你仍然无法掌控它。

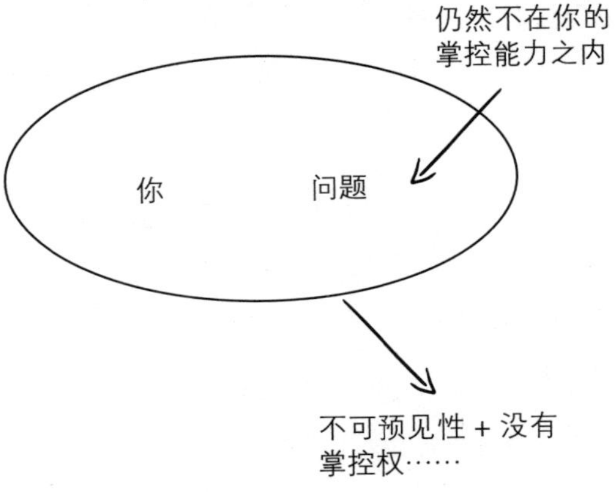

不可预见性
+ 没有掌控权

↓

压力 = 能量

释放出来的是　– 恼怒
我们的定义是　– 失望
　　　　　　　– 沮丧
　　　　　　　– 悲伤
} 情绪 → 行为

以上图表系统地展示了侵犯“边界”为什么让我们产生压力感，这种感觉又是如何产生的。尊重“边界”就意味着，我接受“我能够控制的只有自己”这一事实。相反，我不能控制他人，他人也不能决定我的感受。我不能让他人为我的感受负责，也不能为他人的反应负责。

快乐的法则

如前所述，在进化上落后的物种，恐惧是它们做出行动的驱动力，也是它们行为的基础。越是复杂和先进的生物体，刺激－反应的机制就越复杂，而回避压力的另一个方面就是通过愉快的活动达到愉悦的状态，即所谓的“快乐最大化”。

在动物世界中，我们看到，当幼兽在玩乐时，当它们在地上打滚，撕咬彼此，从母亲身上爬过，直到它们感受到痛，才明白，这种行为是会让它们疼痛的。

由于人类的支配地位更加稳固，不用自卫就能够好好生存，他们就有了更多的时间，能更加专心地追求幸福。然而，最终，恐惧感还是优先于享乐的。当我说恐惧是我们行为的驱动力时，我就是这样想的。受到威胁的时候，如果幸免于难，我们会感受到最大的快乐。

第6章

把每一次人际交往，看成往他人“情感账户”存款的机会

尽管边界焦点只是提出了一种处理问题的新方式，它对我们解决棘手的状况也有帮助。但在介绍边界的设定之前，记住，如果问题真的出现了，就一定有解决之道。就如我母亲常说的那样，“没有原告，就没有法官”，当问题真正出现时，就回顾最基本的原则——我只为自己的行为反应负责，我不能控制自身以外的其他任何事物。这将提醒你认识自己，以客观的态度重新看待你与他人之间的关系、产生的问题。例如，以前能够自由出入的“边界”被关闭了，你会怎么处理?

继续讨论之前，我想先声明一点：

尊重“边界”是有利的，但却不是目的。这是我们寻找解决办法的策略，而不是一种解决办法！

我对“边界”的重视可能会被人认为是在警告人们不要跟他人建立关系，但这并不是我的目的。我们要获得幸福，就需要与他人保持关系。

作为人类，“边界”让我们认识他人，并在与他人的关系中认识自己。“边界”应该得到尊重，而不应无视。不跨过“边界”，人与人之间不会产生交流，人类就会变成机器人。经双方一致同意的跨越“边界”行为，会让两个人变得亲密无间。再次声明，这句话不仅适用于两性关系，也适用于友情和其他人际关系。

我现在这样说是收回了之前所说的话了吗？绝不是。确定或重新确定“边界”，能帮我们找到解决因“边界”受到侵犯而出现问题的方案，让我们的人际关系变得更稳更亲密。这并不意味着你的“空间”变小了，你拥有的东西变少了。随着我们对对方的熟悉程度和容忍程度的提高，我们也能在彼此的关系中给予对方更多的自由。

无论是什么类型人际关系，经双方一致同意的跨越个人“边界”的行为都会让两个人变得亲密无间。然而，如果不是经过双方同意去跨越“边界”，就会让我们产生不快的情绪，因此，即便受到了邀请，在踏入他人的个人区域时，你也要小心“陷阱”。

有了这种认知，我们一旦发现自己越过了“边界”，就会提醒自己小心，必要的时候也能够全身而退。有时候，这“陷阱”可能是你无意间越过的一条看不见的线，而对方已经决定提醒你了。通常，我们会认为，别人反对你侵犯“边界”的行为，是对你的人身攻击。但事实并非如此，更可能的情况是对方感觉自己的“边界”受到了侵犯，自己的空间受到了侵扰。他们的敏感点被触动了，这引起了他们的反应，而你并未觉知。

不要指责他人，只要承认他人有权收回自己的“领地”就好了。如果你不喜欢，那你也撤回，这样一来，下文图中重叠在一起的部分就会重新独立起来。这全取决于你。

一张通往“边界焦点”的地图

“边界焦点”只是为我们指明了通往目的地的方向，而不是具体的目的地。你可能知道某个地方是在东边还是西边，但你不知道应该怎么去那里，你只有慢慢走近，才能够询问更详细的指南。

在接下来的章节里，我将描述一系列场景，并将“边界焦点”应用其中，这样你便能够寻迹找到解决方案。你会了解到，边界焦点的影响是深远的，虽然你可能已经接受了“你无法控制自己之外的任何事物”这一观念，但你可能会发现，你很难坚守。然而，除非你想在一个困惑和下一个困惑之间循环往复，否则，你还是做好忍受这些困难的准备吧。相信我，最终你会轻松应对的。

尊重“边界”

我行为的“边界”就是不触碰你的行为“边界”。

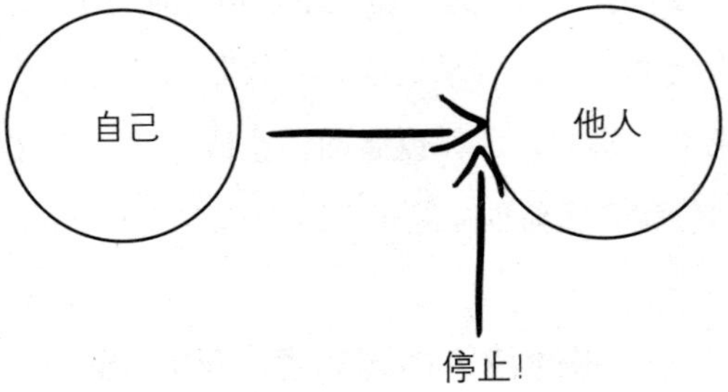

我应该尊重自己和你的“边界”，你也应如此。我对你的行为做出的反应，并不包括要求你以非暴力的方式改变你所说的、所做的，或以其他方式表达的内容。（不然这就是攻击性的行为，我就得进行自卫。）我之所以要求你道歉，是因为根据我的判断，我是正确的，你是错误的。

我指的不是“我可以获得你们的尊重吗”或者“我应该得到尊重”这种类型的尊重，而是“我有什么权利为了让我开心，而让你做出与本意相违背的行为”这种尊重。

我们已经明白了“边界”的概念，接下来的问题就是要尊重其范围和内容。由于这里的“边界”是指人与人的“边界”，那也就意味着要尊重他人的价值观、思想，所说的话，所做的事和感觉。不幸的是，他人的价值观、思想，所说的话，所做的事和感觉，跟我们希望的都不一样。

当然，这里的尊重并不等同于宽容他人所做的一切行为，同意他人所说的每一句话。我仍然有权坚定地，以尊重的态度表示不赞同，将之称为愚蠢的权利好了——不过谁才是裁判呢？

认识并尊重“边界”，将之当成他人权利的外限，这就让我们能够预测接下来的局势发展。虽然我们可能不喜欢“边界”的本质，不喜欢它阻止我们，但我们本能地感激它们的存在。它让我们感到放松，决定了我们能做的事，即便最终我们要质疑并侵犯它，但它让我们明白了什么是“合法”的，什么是“违法”的，如果没有它们，我们就无法确定这些。知道自己“属于”某个特定的组织，或者让我们将自己和他人区分开来，这能让我们感到安心。

尊重 = 好奇

有了不同的观点，我们总是争论不休，无法好好交谈，这是因为我们受到了与我们意见相左的人的威胁、恐吓。我们可能认为对方并没有认真对待我们，甚至因为意见不同而中断双方的关系。无论如何，我们都感觉很难尊重他人表达意见的权利，有时候甚至根本做不到。

与此同时，我们还要求他人尊重我们表达的不同意见，声称就算不能完全接受，也应该对我们的意见保持尊重。我们不仅希望他人倾听，还希望对方能够因为我们的意见更合理、更容易被接受而放弃自己的观点。这种要求可能还伴随着我们的态度——你怎么敢跟我争！更糟糕的是，如果我们表达了希望对方改变想法的要求，别人却没有对我们表示赞同，我们就会觉得很泄气。

你还可以用别的方法来处理。如果我们对他人的意见保持好奇，并对拥有不同背景和经历的人保持尊重，那会怎样呢？这样，我们就可以平心静气地倾听，而不是表达自己的不同观点。毕竟，我们的观点只是跟对方不一样而已。如果我们不那么以自我为中心，我们就能够欣然聆听，并认为“那真是个很不错的想法”，而不是因之而感受到威胁。

即便那意见对我们有攻击性，例如“你真是个白痴”这种话，你可以将它当成一个不同的观点，不必将它放在心上。这可能不那么容易，但如果你告诉自己，这只是对方的观点，而且他们有权利表达自己的意见和想法，那你就可以不将它放在心上了。

你当然可以与提出以上观点的人争论，但要记住，与他人争论，就意味着你选择让他人的意见进入你的思想之中，你就已经在自己的头脑中给它们留了空间。

在下面的图示中，两个相交的圆代表着一段关系，中间重叠的部分代表着我们跟对方交流的理由。

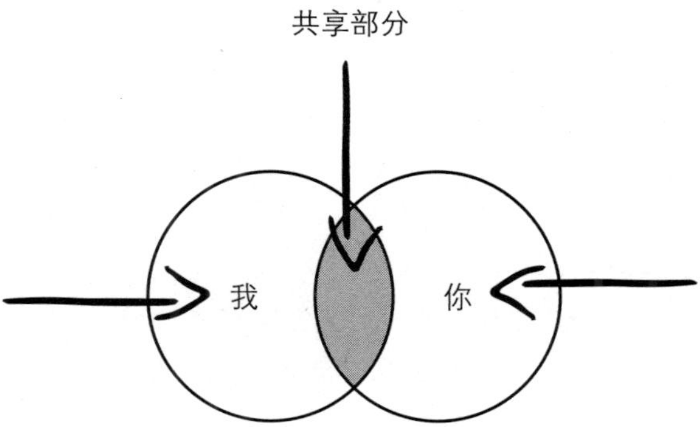

与他人意见不同时，我们更倾向于维护自己的观点。但是，欣赏他人的不同和独特之处会让你更明白，你为什么会被他们所吸引，因此，虽然你与他人意见不一致，但你能够发现你们之中的“共享部分”，就表现出了你对他人的尊重。

PART 2

知深浅，懂进退，有边界：没有什么人际关系是搞不定的

第 7 章

常见的“越界”行为

让我以心理学的历史为例，来介绍常见的错误观念和侵犯“边界”的行为。从弗洛伊德前辈到行为主义者、认知主义者、人本主义者，以及之后那些提出了很不错的观念的心理学家，他们的观念既有其正确性，也有其错误性。正确的是，他们的观念一直都停留在自己的研究“边界”之内，错误是因为他们将自己探索的那一小块领域当成了更为复杂的人类行为的共性，越过了“边界”。

归类

将不同的人以共性划分类别，通常会导致侵犯“边界”的行为。每一次，我们没能尊重他人的独特性，而是将他们划归为我们所认为的那种类型时，就会出现这种情况。虽然某人可能有典型的美国人、澳大利亚人或其他国家人的特征，但他们可能属于其他不同的团体。他们可能是男人或女人，宗教人士或非宗教人士，已为人父母者或单身人士，或者有别的什么特征。换言之，大家都属于一系列不同的组织机构、民族国家，都有各自的社会地位。为什么要划分特定的类别呢？我们总是胡乱划分类别，因为这符合我们的世界观。在我们心中，我们总要为了某种目的而将不同的人划为一种类型的人。

这也是我们的大脑变得更加复杂所付出的代价。虽然随着近百万年来的发展变化，大脑能够储存的信息越来越多了，但信息类别越多，信息的详细内容就越来越少了。大脑先将不同的人归类，然后进行粗略的过滤，就能有效地区分每一个不同的人。一个人对我们越重要，我们就会储存他更详细的信息，将他与其他人区别开来；不过我们如果对遇见的每一个人都这样做的话，就会导致大脑能量的浪费，因为我们的大脑需要储存更多更详细的信息，而事实上许多人我们都只见过一两次，他们与我们的日常生活根本没有关系。

留心“边界”和归类

认识到大脑运作的这种方式，你就不会随意将不同的人归类了。例如，有人不信仰我信仰的宗教，这并不意味着他还有我所不喜欢的其他特点。同样地，相同类型的人也不一定就能做朋友。最重要的是，别人是你的朋友抑或合作伙伴，这并不意味着，他们就一定要同意你所说的一切。他们与你意见不同，也不代表就是你的敌人，这只说明了他们是具有独立思想的个人。

控制

当人们试图用非暴力的方式，来抵抗某种形式的阻力时，我们总会评价他们是喜欢控制别人的人。这个词让人想到一个邪恶的形象，一个马基雅维利式的人，他们利用他人满足他们对世界的想象。

然而，我们都喜欢控制别人。我们为什么要开玩笑？就是想让别人因你认为有趣的理由而大笑。你与别人讲任何类型的故事时，都想别人能够感受到故事中人物所表达的情感。即便是问别人问题，你也希望对方回答的是你想听到的。如果没有听到想听的答案，你就会和他们争论，以提醒他们。如果这不是控制，那什么才是呢？

再声明一次，提到别人的问题，我们的感觉都是很敏锐的，而对自己的问题，我们就不那么敏锐了。当然，这里还有一点区别：我们这样做，没有恶意，就可以换一种更好的名称，称之为提醒他们，控制都是别人的行为。

这两个词有什么不同呢？在我们自己看来，提醒能够让我们问心无愧，但实际效果都是一样的。我们试图说服他人接受我们的意见，如果他们不接受，就会产生矛盾。如果是某些重要的问题没有得到他人的赞同，我们就会觉得沮丧、觉得没有人认可我们，甚至觉得被背叛了。然后，我们就会中止与他人的友情，并告诉其他人，那个家伙有多讨厌，并且恶意诋毁对方。

但是，我要提醒你，这不是向对方表示敌意的时候，因为我们仍然还在一起。下一次因别人的行为感到“不快”的时候，要记住，这是因为你先允许对方“越过”你的“边界”而造成的。你不能责备他们，只能承担允许别人“控制”你的责任。

在这种情况下，对方说出了他们想说的话，你自己就要承担这话对你产生的影响，并控制好自己因那种影响产生的感受，这就好了。无须责备他人，只要为自己承担责任即可。

期望

没有明确的危险却感到不适或有压力，这种感受通常与不符合我们期望的事有关，如我们担心自己所在乎的人，或者总担心会遇到什么问题，总认为会有不愉快的事发生。我们可能对未来抱有某种期待，而实际的发展却与之相反。无论如何，那都是我们自身之外的事物。

婴儿最初是通过观察来认知和学习的，然后他们学着模仿和重复。模仿的时候，小孩子也是在验证他能否做好之前看到的那种行为。随后不断地重复模仿则是因为，他们认为自己可以完成，然后他们才会认识到，这件事就是这样做的。我们并不质疑这最初的“知识”或内隐记忆，因为它为我们随后的经历和对世界的理解提供了基础，也促成了我们的“价值观”。用计算机术语来说，就是它给我们安装了个人的“操作系统”。

我们原始的大脑也有预测的功能，因此对发生的事和可以预见的结果非常感兴趣，并且它还构建了我们称为“期望”的基础。

这些期望存在的问题是：从此以后，我们只会输。如果满足了期望，那就什么也没发生，因为我们已经预料到这种结果，并据此制订计划——事情就在预料之内。我们只会注意到事情没按计划发展时的情况，此时我们会感到绝望、失望、沮丧，失去了友情、爱情、金钱等。

我们与他人的关系越深，对他们的期待就越高，因为我们了解他们，知道他们会怎么反应。如果我们的期待没有成真，我们不仅会感到失望——如果我们期待的是他人的某种行为，那么他们行为的不可预见性还会让我们感到不安。我们对结果太过期待，以致已经忘记了彼此的“边界”，我们已经忘记了我们的底线和他人的底线。要记住，我们不能“让”他人对我们的行为做出某种反应——因此我们不能够准确预知事情的结果，或不能对结果有准确的预期。

在第一部分里，我们曾提到事情和状况的不可预见性会让我们下意识地深感不快。我们认识到这种感觉，并赋予它一个名称——失望——我们就将“隐形”的不可预见因素变成了我们所认为的“现实”，也就是，那个做丈夫的詹姆斯很失望。现在我们找到了问题所在，我们的感觉就好一点了，不那么压力重重了，因为我们可以将不快的感觉归咎于某种可以预见到的事物，归咎于其他人。这是一种我们可以接受的思想观念，但是抨击伤害了我们的行为，也是不可取的，只有原谅这种行为或用任何能够让我们感受更好的行为处理它才更可取。

期待让我们认为，某种行为是可以预见到一定会发生的，这能让我们的身体系统感到轻松，因此它对我们非常重要。同样重要的是，如果这种期待不能成真，那么我们就会觉得很不安。既然这种不可预见性对我们的系统造成了如此大的损害，让我们的生活也如此不可预测，我们为什么要去期待呢？

现代人的生活比我们祖先的生活要复杂得多，这并不是说，现代人承受的压力比祖先重。我们古老的边缘系统是一个无声的“中继站”，不仅会根据威胁程度储存输入信息，还会根据单独的事件来划分。如果同一时间发生了太多事情，并需要一一回应，我们就会感到有压力。

然而，我们除了能够感知到危险，也有能力接受危险带来的压力，我们现在称之为“顺应力”，它被植入我们的身体系统之中，成了我们心理上的生存工具。只有这种能力得到“拉伸”并接近我们的承受极限时，我们才会感受到压力。

建议与赠予

人类最糟糕的缺点就是提建议。

——阿尔·帕西诺（演员）《魔鬼代言人》

（1997 年，美国电影）

当别人要求我们做什么时，我们总认为这是对方的需要。因此，当别人向我们征求意见的时候，我们也总认为，我们的意见，他们会听从。当我提出建议时，我希望获得回报，即希望你尊重并认可我的建议，而且对我的智慧心怀感激或者有类似的情绪。这听起来很公平，不过真的公平吗？

想象一位老者正站在街边，伸出握着一个杯子的手，并恳求你放一些硬币进去。你认为自己慷慨大方，于是就给了他 20 美元。离开的时候，你回过头去，看着他带着你的钱离开，并用它获得了高效率的回报——一杯 40 度的酒。你会有什么感觉？你会说什么？“我再也不会施舍给你了！”毫无疑问，随后你会很严厉地皱着眉头，很不满地瞥他一眼。

他恳求了，你施舍了，那就应该到此结束了。事实上，我们接下来会认识到，没有什么“应该”，因此，你给了钱，事情到此结束了，这是你“边界”的终点。如果你想要确定他会怎么花这笔钱，你应该事先告诉他。如果他只是饿了，你就不需给钱，带他去附近的汉堡店或餐厅，让他点餐，替他付钱，然后离开。

如果施舍他人，请无条件施舍，不然你就要明确提出条件，而且他人也要接受。你施舍的“边界”，也适应同样的原则：你冒了风险。一旦捐赠了什么东西，那么那件东西就成了他人的财产，怎样去用就是他的问题。再有什么条件，你就跨越了你自己拥有的和他人所拥有的这条边界。

如果你付出了什么，无论是建议还是真实的物品，就像是你卖掉了它们一样，你不再对它们有所有权。这是给予的本质。作为回报，你收获的是分享你的好运的温暖感觉。你不能要求征税——如果你想要，那就写一首歌吧。在无偿赠予和有条件、有代价地进行赠予之间画一条清楚的边界。

运气——另一种侵犯“边界”的观念

好运和噩运有很多伪装，而且两者的边界也不总是那么明显。稍稍挖掘一下，你就会发现，很多人都持有运气好坏的观念。虽然在某个地方可能存在运气好坏一说，但在我们的逻辑里，根本就没有这样的概念。运气好这种想法也代表着另一种跨越“边界”的行为。

相信因果关系是根据经历而建立的，而且它告诉我们，如果我做了某事，就一定会导致某结果。如果确实是这样，那任何事情都只有一种结果，我们可以想象得到，如果做了某事，就一定会有某结果。然而，事实上，生活是丰富多彩的，事情发展的结果也是不一样的。

如下图中的点，每一个人都会用同样的方法去连接吗？我们会根据我们自己的经验、期待和估计去连。

你可以辩称，生活是由一系列不相干的事件组成的，我们可以按我们喜欢的方式将它们联系起来——而且我们也冒了风险：如果事情并没有按我们预期的那样发展，我们就会觉得有压力。

虽然我不想表现得太过冷静，但要记住，我们是根据自己所选择的信息来构建自己的世界的，否则就不会有惊讶这种情绪，因为那样大家对世界的理解和认识都是一样的，就像上了发条一样，或称“发条橙”（机器般呆板的人）。如果你不理解其含义的话，可以去看看由安东尼·伯吉斯的小说改编的同名电影《发条橙》，其中的主角受他人操控改变了思想，遵守非暴力行为的社会准则。

如果你买了一张彩票，只有最后一个数字没有对上，这是不是意味着下一次你就会赢？不要浪费钱再去买，这一次一个数字不对并不能保证下一次你一定会赢，因为每一张彩票都是不一样的。

当我们提到运气好坏的时候，我们会出于某种原因挑选某些事例，并将它与另一事例联系起来，这两件事可能没有什么特别的联系，仅仅是理性认为如此，以此证明运气好坏的作用。当然，你会说，这些事并不是随意选择的，而是自然地联系起来的。

如果是这样，大家就会做出同样的结论。即便你有确定的世界观，像上图，所有的“点”都会按预定的方式连接起来，但是究竟是怎样连接的，我们并不清楚。自由意志是否真的存在，世界是否是以我们不知道的方式预先确定好的，这真的不重要。

那么，那些从事殡葬业、汽车维修和保护财产的各种不同职业的人，他们会不会认为你运气好呢？你运气越糟，他们就过得越好？现在看来，这一点似乎也不对！

可能吧。只不过是因为好坏运气的概念被换掉了，运气好坏的观念真的不重要。

运气的转换

如果将每一个事件都视为独立事件，你就会发现，它们与很多因素都有关联。那么，它们是好是坏，全都在你自己选择的处理方式。事后，你会发现，最初你认为好或者不好的事物，过了一段时间，经历了一番其他事情之后，会变成与之前相反的事物。结果，我们却说这只是运气。

这怎么可能？如果是坏事，怎么会突然间变成好事，如果是好事，怎么会突然间变成坏事呢？答案很简单，因为它其实不好也不坏。事实上，它一直是我们初见时的模样，只不过在某些条件下，我们改变了自己的心意和想法而已。其实它并不是什么好事，而是因为我们感觉不错所导致的，而感觉是变化很快的。

最终，依靠运气就成了我们在不确定或困惑不解的情况下，创造可预见事件的方式。这个我们也能从迷信观念之中看出来。如果我们找不到对事情的解释，我们就会归咎于黑猫、从梯子下经过、星期五、13 号和其他的迷信观念。追究事件的起因能让我们感觉好一点，我们会认为自己对事物有一定的控制权——避免了它，我们未来就能够避开噩运。

你对他人的看法

你对他人的看法，你认为是评价了他人，这是误解，实际上，它是人们了解你的钥匙，而这一点你经常忽视。

当你对别人做出评价的时候，你评价的其实并不是他人，而是你自己。

啊？真的吗？怎么会这样？

当你看到别人的行为听到别人的言辞的时候，你就会根据自己的经历、价值观和期待（你的内隐记忆或操作系统）做出一种反应。

你对他人行为的任何评价都体现了你的内隐记忆，你还将他们的行为和你自己的期待区分开来。这评价反映的不是他们的价值观和思想而是你的。这评价只是定义了你对人和事的看法，并且，你还将他们跟你自己的经历进行了比较。别人评价你的时候也是如此：他们说的只反映了他们的观念和想法。

接下来的内容，应该能让你不因他人的评价而感到恼怒，也包括你最亲近的人。研究者们给被试一些人的面部照片，并提供了一些照片主人的信息，60 秒内，被试就会决定他们喜不喜欢照片中的人。他们可以判断那些人是否犯过罪，并决定哪些是可以相信的人，并凭借他们所知道的那一点点信息，对那些人的个性特征做一个评价。

这个实验表明，我们在初次见到一个人之后，在 60 秒内就对他们进行了评价。令我们感到惊讶的，不是这评价的内容是否正确，而是我们仅仅掌握了一点点信息，就很快对他人做出了评价，真恐怖！怎么会这样呢?

我们的大脑功能变得更加高级了，这就需要我们做出取舍：是取质还是取量？虽然我们能够接收大量的信息，然而大部分信息的储存方式还是很简单的——还记得之前我说的大脑是如何提高效率的吗?

这与大脑最原始的目标——保障我们的生存安全——有关。能够完成更加复杂的任务，就表示输入并处理新传入的信息的能力更强，但这也让我们用新的、不一样的方式使用大脑。

例如，我们的大脑，现在可以创造能让我们的生活更加轻便快捷的东西，能够摘录更多信息。这也就导致了我们大脑里更多神经元组织类型的诞生，组织间的联系更强，我们的思维活动也就更加活跃，实验人员现在正在对这些活动追根溯源。

获得更强大的处理能力的代价，就是丢掉了细节。从根本上说，我们就是依赖更少的信息，做更多的推论。我们美其名曰归档整合，好处就是我们不用花费太多的时间去思考该怎样面对一个人。对大脑而言，这是非常合理的办法，因为这样的信息处理无关公不公平。那如果我做了错误的决定呢？大脑就会抱怨：你是想要安全还是公平呢？噢！真难选！

这种信息的整合每天都会发生。回想你的学生时代吧，对大部分人来说，学生时代是一段色彩斑斓的经历，既有愉快的记忆，也有不愉快的记忆。面对学生时代是好还是不好的问题时，大部分人都会忽略细节，直接评价好或不好。为什么呢？因为除非有什么特定的事由，能引起我们打开记忆库仔细回想，这样的评价就足够了，只要有这个大概的印象就好了。

我们与人相处时也是如此。我们会根据对他们的看法将他们归类，他们是朋友、熟人或者我们不想认识的人。这些人没有优点吗？我们的朋友就没有犯过错吗？我们不能够这么说，但对我们来说，朋友就是好人，因为我们通常会忽略掉他们的消极（或者别人认为消极的）的品质，并根据自己的标准来定义我们与他们的感情。而这些，自然也都是我们期待和失望的标准——正如我们之前所见的那样。

我们整合信息时，（旧的、原始的）大脑为我们做决定，然而却不够谨慎。公平正义的概念是由我们更现代的大脑部分负责的，这是大脑“更高级功能”分析后所得的结果，而与生存无关。确实，它能够导致我们做出相反的行为。你多少次因对手而觉得失望，多少次因朋友而失望？旧的大脑会说：“你太不小心了。”

这也是大脑会做出轻率的决定的理由。这一行为的结果我之前已经说过了：当我们对他人做评价的时候，这评价更多的反映了我们自己的特点，而非他人的特点。

尽管听起来很难接受，但我们都逃不掉这一现实。即便我们了解了某人，我们知道的也只是自己对他人的印象，这是我们将他们的言行举止，与我们的生活经历进行反复比对之后得出的结果。我们对他人的看法，是由我们自己的期待而来的。当他们没有满足我们的期待时，我们就会感受到失望，无论是朋友还是对手，我们都会责怪他们，不过为什么呢？难道是因为没有满足我们的期望？我们的对手与我们想法不一致，这是我们能够想象得到，也能够接受的，但如果是朋友与我们不一致的话，我们就会做出失望的反应。

给别人“贴标签”之前要记得自己的“边界”

经过一段时间的相处，我们给他人贴标签的时候，这标签就代表着我们自己的生活经历，以及我们对他们的看法和期待。记住我们的边界在哪儿，我们就能够提醒自己，我们对他人的评价反映的是自己的看法，而与我们评价的人无关，这会让我们在说话的时候更加小心。

第8章

职场关系中的边界：知深浅，懂进退

如果你感觉某事物很讨厌，那么无论别人认为它有多好，你都会觉得很讨厌。除非你的感受发生了改变，没有人能让你产生另一种的感受。同样地，如果某事物在你看来很不错，无论我怎么说那件事很讨厌，在你看来，那就是不错的。

如果你认为事情是难以解决的，是不幸的、不愉快的，或者是愉快的，所有的感受都是你自己的想法。

如果你能够接受这一简单的事实，它就会改变你对生活中发生的事以及引起事件发生的人的看法。问题是接受事件原本的样子——事情原本是中性的，不过你赋予了它特定的含义。这种意义的本性是由个人决定的，而且每个人的定义都是不一样的。本章的主题就是，探索以上理念的含义，并介绍一下“边界焦点”如何帮助我们摆脱情绪反应的控制。

正常的反应

你应该认为，如果有什么糟糕的事情发生，感觉到难过、生气、震惊是很自然的吧？我不怀疑，某些特定的反应是正常的，大部分人都是那样反应的。我的观点是，我们没必要按大家惯常的反应做出反应。

我们所称的正常反应，是在婴幼儿时期被设定在我们的操作系统中的。但是，作为成人，我们能够为身边的事和我们的反应画一个“边界”，而不是毫无疑虑地接受某种特定的反应。我们需要问问自己：我可以学会接受事件本身，而不产生消极的想法、感受和反应吗？

在事件和你的反应之间画一条“边界”，是一种很有益的行为。它能够让你自由做决定，该如何处理事件，而不必遵循某种陈旧的观念。当你停下来仔细思考，这些想法可能并不是你真正赞同的。

让我举一个恼人的例子：你发现你的配偶对你不忠，正常的反应是愤慨、失望，以及种种类似的情绪，总之，离婚就会被提上日程。通奸是离婚的缘由，难道不是吗？

我不会向你提任何建议，而只会说，你的决定是你选择的。我可以说，我已经没有好说的了，你必须遵循一个特定的行为过程——按法律行事，因为这是正常的、唯一可行的选择。遇到这种事，离开可能是你的第一反应，事情发生后，你避开这个问题，综合考虑各种因素，你可能会得到一个不同的结论。你得到了结论之后，还是决定不能与不忠的伴侣一起生活，那么这个结论就不是突然而起的念头，也不是因为自己控制不住情绪，而是一个理智的决定。

你的决定是合理的，因为你是现实主义者，并且也明白自己所能做的和所不能做的。如果无法与不忠于你的伴侣一起生活，那就选择分手吧。

放弃冲动性反应的好处就是，你能够控制自己的反应。虽然这并不总是带给你好心情，但总比你做出情绪化的决定要好。

在情绪受到挑战的情况下，比如说亲人去世了，这种悲痛令人无法忍受，人们只能选择自我排解来缓解悲伤。类似这样的状况可能让人很沮丧，也可以让人重新鼓起勇气和力量。另外一种选择就是从目前的状况中创造一种积极的事物，例如捐献死者的身体器官，给予别人生存的机会。如果我们自己决定怎样去做出反应，那我们就能够把握局势，而不是被状况所累。

“应该”的压力

如果让我举出在诊疗时人们通常会说的短语，那就是“我知道，我应该……”

这话总会让我想起一个朋友，他为了自己的发展，放弃了一个曾经给予了他很大帮助的工作（当然为了放弃工作，他也付出了巨大的代价）。之后他告诉我，这世上根本没有什么“应该”。这让我很恼火，因为当时我认为我应该减肥，应该赚更多的钱，而且应该表现得更谦逊（我承认我仍然在试图减肥）。

现在我变得更加谦逊了，我承认，他是对的。起码，“应该”这种想法对我们没有益处。如果真的有什么“应该”，那这个“应该”就不应该出现。

我们说应该的时候，真正表达的意思是，我们生活在两个不同的世界里，一个是我们理想中的世界，一个是我们所见到的真实世界。我们的理想停留在较高的地方，我们并不能真正抵达那里，但却总认为我们应该抵达那里。

现实和理想的差距让我们体会到了不同程度的不快或压力。这是对我们的一种可能无法达到，或感觉自己无法达到的要求。

“边界”有什么用处?

当你认为“我应该”的时候，接着问一句，“谁说的呢？”是别人说的，还是你自己说的？如果是别人说的，那你接受他们的意见吗？显然不会，不然你就会按你应该做的去做了。（注意，如果你是在与人争论规则或者道德观念，那就不是这样，你最好应该按规则和观念去做。不要因“应该”让你忘却了自己的责任）

认识到“边界”会让我们将“应该”当成我们理想世界的样子，而不是现实世界的样子，认识不到这一点，你的生活就会变得糟糕，你会觉得你做错了。

如果是你自己认为你应该怎样，其实际含义并非你应该怎样，而是你希望怎样。你还能说“我希望”或“这样不好吗”，但就是不要说让人不得安宁的“我应该”。如果你想做什么，就去做吧，如果不想，就不用管了。

体会一下，自己告诉自己“我希望”和“我应该”时，自己的感受有什么不同。通过这样的方式，能够更加独特、更加直接地反映你的心理活动。

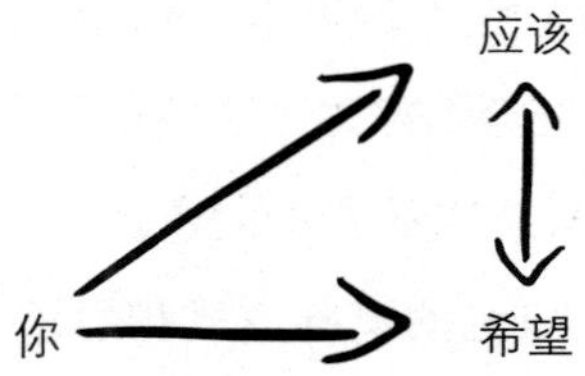

我们在“应该”和“希望”两种状况下的感觉差异决定了我们的满意程度。

以试图戒烟为例。你是真的想要戒烟，还是认为你应该戒烟？是因为你不吸烟才会更健康，你身边的人和医生都这样建议你吗？还是你真的想要戒烟？

当你说“我应该”的时候，你就是在找借口，而说“我想要”的时候，你才会自己想方设法去达成。

为什么这一点点用语上的差异如此重要呢？

噢，不！我是在自言自语！当你开始自言自语的时候，这真的意味着你不正常吗？想一想你自己对某事物形成观点的过程：你和自己说话，和自己争论，自己做选择，自己先提出争论的正方观点，然后再提出反方观点，最后否决了这两项，又另选一项吗？你偶尔做某些决定的时候，是不是会觉得心理斗争很厉害呢？大部分人可能会在承认之前犹豫一下，因为这样做看上去不正常。

事实上，如果你自己不做任何考量，那你才有点不正常呢。自己和自己交流，是一种沉默的内心交流。和自己交流是正常的反应，也是你最终选择的结论或观点的基础。当然，这个观点的质量取决于你和自己交流的质量。掌控你接收的信息、你的观点和你与自己交流的方式，这是必需的，因为这决定了你的行为和言语，并最终决定了你的感受。

有意识地引导自己的思维方式和思路，这样你就能确保自己的言行举止是经过深思熟虑的，这样你才不会觉得难过或讨厌。

说话之前要思考，这一点并不重要，重要的是，你说话之前要先弄明白自己的想法。

我们经常说的弗洛伊德式失言，通常被解释为下意识的行为，让你展现出正常情况下你不愿展露出来的一面。这样的理论似乎很难反驳，不过对我而言，这种行为也代表着你的思想，这不是下意识的行为，而是表达了自己的想法，你可能并不想在公众场合显示出来，但是你有这种想法，未经思考就表达出来了，这就是弗洛伊德式失言。

与自己认真交流的另一作用可能是，认真地进行自我交流，能决定你的观点的质量。你认真交流所得的观点，将通过你对某人或某物的想法表达出来，这自然会影响到你与别人表达和交流观点的方式。

也就是说，你认真地与自己交流得出来的观点，别人也就容易接受。这种交流的质量不仅反映了你与自己交流的质量，也反映了与你交谈的人与自己交流的质量。我们的自我交流质量越高，我们的观点的质量也就越高，因此，我们与别人交流的时候效率才会更高。

当别人说出了考虑不周的想法，而你难以接受时，也这样处理吧。不要因别人的忽略而恼恨，而是给予对方应得的尊重，他不是考虑不周，而是消息不灵通、不了解状况。我自己做到了“和自己交流”，然后顺其自然地与别人交流，这才是最重要的。与别人交流造成的不愉快，不值得让所有人知道。如果你不想让不愉快的经历弄得人尽皆知，那就要记得我的建议：

想一想，你想要得到的是什么。

诚实地面对一切

我们和自己的交流，也和我们的幼年经历有关。童年时期，我们都有过不高兴的经历——这还得怪我们可怜的母亲！这可能是因为我们的母亲不让我们做想做的事，或者逼迫我们做不愿做的事。无论是哪种情况，一旦发生了，我们对妈妈说的，不再是“我爱你，妈妈”，而是“妈妈，我讨厌你”。但是，如果孩子表达了这种真实感受，接下来会如何发展呢？母亲可能会说：“孩子，你这样说我很难过。”也可能会说：“既然这样，那我走了，你自己玩吧。”用一种“这里有座桥，你自己过来吧”的态度表达。如果母亲按以上的方式去表达，孩子会认为，向妈妈表达真实的感受并不好，因为他们不想让妈妈难过，但自己又不能照顾自己。

这意味着，从现在开始，孩子就要学着表达内心的感受，他就会知道，表达真实的感受，与别人所接受的感受是有差别的。孩子的感受，却不能够如实表达出来，或者会被鼓励去表达在某种特定的情况下，并非自愿表达出的一种情绪。在一定程度上，这种差别影响到了我们以后的生活，而且直到进入成年期，这种差别对我们的影响仍然还在。

小时候是否能够表达真实感受，决定了我们在成人期处理人际关系的方式。

为了将内心的矛盾减到最少，最重要的就是在任何方面都要对自己诚实，包括自我交谈的时候。例如，如果你认为自己擅长某项特定的工作，就要告诉自己，放手去做，不要退缩，畏首畏尾。如果某项工作你还不够熟练，也不要自欺欺人。当你受到批评时，你说的话和你对他人的反应，都能体现出来。

如果你想的和说的不一样，那你一定会陷入困境的。如果你外在没有体现出来，那你的内心一定是不安宁的。你会有一种被别人忽视的痛苦，为自己本应该说的话、做的事没有做到而责备自己——以及任何让我们感到遗憾的行为——都是对自我不诚实的后果。还是对自己诚实吧，减少不切实际的期待，这样就不会因期待未成真而失望，如果没有完成一些无意义的事，你也不会太难过。

内疚和遗憾

让我们简单了解一下内疚。我现在先把后悔这种感受放在一边，虽然它和内疚有那么一点相似，不过我自认为后悔包括了一种人类行为。遗憾和内疚和人与外界的需求有关，而后悔则仅仅是因为我没有完成自己的期待和梦想。当然，你可以对这一观点持不同态度。

然而，遗憾、内疚、后悔这些感受都有一个共同点，它们的关系如下：它们通常都是事后才产生的，而且常常是因为事情出现了不好的结果才产生，也是因为内心受到了折磨才产生的。

当我们为某种行为感到遗憾时，我们就把现在对事情的看法和做法运用到原来的事情中去。实际上将过去的行为在脑海之中重现。

那我们的内疚和遗憾没有意义吗？

这要看我们如何应对这种内疚感。内疚感意味着我们做错了事。然而，回顾过去，你难道不是根据已获知的信息做出了想做的事吗？只不过现在，所有的事情都发生了，而且你也都经历了，你才会回想起来，感到内疚。

内疚让我们浪费了多少时间和精力呀！如果你能向我证实产生内疚感能够改变什么，那就随时给我打电话说说吧，这样我们就能够一起感受这种内疚。

如果内疚能够让你改善自己以后的行为，那么内疚感就是有益的，不然你就要大量耗费自己的能量，将过去的事件和现在的事件区分开来，因为现在的事件才是你能够采取措施做出改变的。

如果你愿意，那就为过去的事情而内疚吧，不过即便是内疚，你也无法改变过去发生的一切。

对过去的任何感觉都是属于自己的。你感受到的窘迫感都存在于你自己的头脑之中，除非你自己提起，没有人会记得你的感受。如果他们要提醒你过去所犯的过错，那就请为他们感到遗憾，并善待他们。如果他们要回顾过去，并记住那些可能让你感到窘迫的事情，或者很久之前你曾犯过的错误，那么，他们就没有多少时间留给自己了。

当然，这也同样适用于你。你和你身边的人都应选择原谅过去，并遗忘。如果你认为很难原谅自己或他人，那就试着对自己说，每个人总是会竭尽所能地做到最好，每个字都要重读出声。

除非你认为有人会做出不利于自己的行为，不然就没什么别的重要内容可说了。虽然我们并不总是做出被普遍认为“最好”的选择，但我们仍然能够在事发时做最好的选择。

这并不意味着社会总是要容忍你做的行为。当然，人们总会保护自己，免遭让他人伤害的侵袭。社会可以关押人们，将他们锁起来，但这与恼怒、报复或内疚感完全不一样，这是为了保护他人，而不是惩罚他们。保护他人看起来很理智，然而惩罚他们却满足了我们的报复心理。只要看一看极端恶劣的刑事案件审完之后所发生的情况就知道了。由于自身力量无法改变已经发生的事，所以，我们首先想到的是，根据法律法规加重惩罚。以前被认为足够的东西现在不存在了，因为我们对事情的感受改变了。

犯错和误会

内疚感和遗憾通常是因为犯错而引起的。犯错是什么意思？我本来想做这件事，但最后却做了另一件，这是犯错吗？换言之，我做了本不想做的事，是犯错吗？

在以上引起内疚感和遗憾的事件中，我们做了我们想做的事情，事情的真相出来后，事后的认知告诉我们，我们的做法是不对的，这就称为错误的。

如果我们能更诚实一点就好了！按照事发时已经掌握的信息，做出了事发时最好的选择，就好了。如果最终事情的结果不如人意，那也是因为发生了我们当时没有察觉到或无法察觉到的状况，那么，为什么会出现犯错的行为呢？

在很多情况下，这个问题的答案都在于，我们当时并没有用上已知的信息，我们对事情的发展也没有掌控权。我们没有注意过自己的“边界”，所以，达成的结果与愿望相违背，这不是错误——这是生活。

我们计划去做的事，也会出现愿望与结果相违背的状况。

你也可以用大脑的运作——创造可预测性的事物来解释它。如果我将不愉快的事归咎于之前我犯的错误，我就为意料之外的结果做出了解释。生活不是一帆风顺的，也是不可预测的，而这种不可预测性就意味着危险。

如果你做了轻率的决定，而之前你自己并不清楚，或做决定之前并没有考虑决定是否有不周之处，那发现之后，就要吸取教训了。你认为你犯了错，并严厉惩罚自己，这无法挽回你已经做过的事。如果说这真的有什么用，那就是让情况变得更糟。正如我之前解释的那样，你和自己交流的质量，决定了你对自己的感受和新情况的反应质量。如果你总是责备自己，下一次再出现这样的事，你就会只想要证明自己的能力，而不重视该怎样改进决定。

那么，现在就接受这样的观点，从现在开始，没有错误，只有学习的机会怎么样？试试看吧，我认为你一定会明白，这样做很有用。

情绪“边界”——情绪不能“剪贴”的本质

情绪“边界”告诉你，情感有时是一种有意义的人类体验，有时令人费解，错综复杂，让人难以理清。有意义的情感能够让人成长成熟，而无意义的情绪情感则是阻碍人成长成熟的因素。

情绪不是我们的敌人，它们是由我们发出的，我们既是发出者，也是接收者，因此我们才可能受到其威胁。作为接收者，我们只能够对我们所察觉到的事物，以及这些事物对我们的刺激做出反应，这才是问题的关键所在。如果能够知道他人的感受，明白他们做出言行的理由，我们就不会产生误解。只要我决定给予，那他们就能够得到所要求的一切。

因为我们是根据自己的世界观来理解我们所听到的内容的，所以我们的情绪也就决定了我们的反应方式。如果我们感觉受到了威胁，我们就会根据我们大脑的“兴奋”程度做出反应。

作为发出者，我们总是有一种默认的期待，即我们的情绪会得到他人的正确理解。这样其实是在做赔本的买卖，你总认为你是一本已经打开的书，很容易读，很容易理解，其实不是这样的。

这意味着你不把自己当人看，而是一张透明的人物剪贴画。让我提醒你：你并不是人物剪贴画！你的感觉和你表达感觉的方式都是很独特的。如果你能在不被严重误解和冒犯的情况下，让他人了解你的一部分感受，那你就做得很不错了。

提到感受，它很容易被误解。事实上，如果有人说“我明白你的感受”，你可以诚实地回复说“不，你不明白”。我们能够做的就是尽量去理解他人的确切感受，因为每个人对情绪的感受都是独特的。

表达情绪的时候，如果想要被误解，那就不要表现出惊讶和遗憾。认识并尊重你和其他人的“边界”，接受他们和你都是独特的个体这个事实，你的情绪只有自己知道，别人只能够发现，别人的情绪对你也是如此。

第9章

家庭关系中的边界：不要让爱变成伤害

现在，我们来了解一下，上一章里讨论的能够让我们找到“解决方案”的错误决定，怎么会让我们更加头痛吧。根据那些本质上有缺陷的思维做出的方案，能够预先决定我们需要考虑的选择，却也限制了我们的选择，让我们成了“房间里的大象”，明明知道问题所在，却选择了忽略。

本章的主题可以说是“捍卫言论自由”，不过这听起来像是哲学或政治观念。但是，我不是将它当成哲学或政治观念强加给你，我是希望，你的言论都要遵循“边界焦点”，你可以赞成，也可以反对。

识时务——怎么不对

没有人和事能够让你产生任何感受、做出任何行为这一理念，对你的生活有怎样的影响，这一简单的理念是怎样以你所未曾预料到的方式渗透到生活的方方面面的，我们在上文都提到了。现在我们来看看与上面这些内容相关的观念：识时务。

简单来说，识时务就是你不说我不喜欢的话，不做我不喜欢的事。为什么要识时务？因为人都有自我保护的意识。幼年时，监护者们将特定的感受、观念和思想灌输给他们，他们就认为，只要用特定的语言和行为表达，就能够保护自己。在我看来，这似乎是监护者们随心所欲地决定，什么是孩子可以接受的，什么是不可以接受的。

“边界焦点”告诉我们什么？

只要你愿意，你就有权表达自己的想法——当然我也有权忽略它，并说出一些在你看来是不识时务的话，大家都有这样的权利。

无论你会做出什么样的回应，怎样应对，怎样原谅我的言行，这都是你的问题。但无论如何，都不要把你的问题推给我。

我拒绝帮你，是否是你的运气不好？让我们看看，“边界焦点”是否会让我们误入歧途，让我们变成吝啬、以自我为中心，且敏感易怒的人。那些感到委屈的人要为自己承担更多的责任是否有正当的理由。

识时务让我无法做出不合适的行为，不过合不合适是由谁来决定的？这句话可能会让你感到恼怒，你可能认为这话很粗鲁、残忍，很无趣。这需要你根据自己的想法来决定——因此这是你的问题。如果你和大多数人意见一致，不同意我的观点，那你就不需要制定"边界"规则。我的话语和行为被你们"边缘化""孤立"，或"排斥"，被"剔除"出去之后，我会发现自己是孤立的，这样我就和其他赞同我观点的人站在了统一"战线"。无论是宗教界人士还是政党派人士，这一点都适用。

而识时务真正的含义是什么？你会把婴儿跟他的洗澡水一块倒掉吗？关键词是时务。因为政局在需要拉选票的时候会发生改变，因此政治上识时务的规则更是如此。如果政治观念仅仅是道义上的问题，那么对受害者不仗义相助，对受到压迫的人冷漠无情就是不道德的了，正如某些人所认为的那样。然而，我们大部分人什么时候才会帮助他人？通常并不是在他人真正需要的时候，而是我们认为合适的时候。我们大部分人帮助他人时不需要任何提示，也不需要人提示要做识时务的事。

如果我骂你是一头又大又肥又丑陋的鲸（你也可以用其他骂人的话），你可能会做出某种反应来，因为你认为自己并不是那样的。既然你认为自己不是鲸，你为什么还要做出回应呢？你也可以认为又大又肥的鲸很可爱呀。所以，我们都有各自的观点。如果你认为我说的有道理，那你就会同意我的话。那样的话，为什么还要和我争辩，和我说你不是鲸这一事实？不要在意别人骂你的话，开始减肥吧，不要理睬别人的说法！

如上文所述，上述的状况，我们不需要任何其他人的干涉。如果我没做到识时务，公众舆论会提醒我遵守规则，那我是否真的没有安全感，甚至于会认为我的说法会给这个社会造成动乱。如果这个社会真的那么不堪一击，那么就没有什么能够拯救它了。

尊重和识时务

“边界”的概念总会让你重新思考自己的言行，并考验你的容忍度。用我自己的“手杖”来打我，你可以提出我要尊重自己，来要求我缓和自己说话的语气，但这将是对“边界焦点”所表达的尊重的一种误解。

我们这里所说的尊重是指**你对他人的尊重**，而不是他人对你的尊重，这一点很重要。

对他人提出要求，让他们做他们可能不愿做的事，或者阻止他们做想做的事，这剥夺了他们表达自己想法的权利，跨越了他们的“边界”，是对他们“边界”的侵犯。由于你没有对我做出伤害行为，我也就无权对你提任何要求，甚至你尊不尊重我，我也不能提要求。如果不是我无条件地给予尊重，那你就可以保留尊重我的权利。

把握好自己的“边界”，就意味着我会处理自己的问题，并尊重他人的权利，哪怕是攻击我，我都会认为，这种攻击不是在冒犯我，攻击我不是他们的真正目的。想一想，如果你持有的观点是他人所不接受的，你就不能强迫别人赞同你，也就不可避免地得到他人的反对。想一想那些狂热的宗教信徒，他们不得不保护他们的神明、先知或其他什么宗教代表人物。他们认为自己比自己的神明更强，他们的能力比神还大，这难道不是亵渎神吗？我认为，神明会好好照顾自己，而且无须我为他的利益而发动战争。

我态度鲜明地说出这一点，是想要找到一个中立点，我们只有先确立了基本规则才能找到这个点，其“边界”也是由规则的底线决定的。如果我们都为自己的行为负责，我们就能够讨论怎样让生活变得更舒适，并努力实现自己的梦想，没有必要为之树立规则或章法。

有了正确的前提条件，我们才有真正妥协的机会，妥协不是让你无条件地接受别人的观点，因为这会消磨掉人的个性。真正的妥协就是宽容，宽容能够培养我们的好奇心，能够让我们去探索他人行为的理由，而不是要求他们改变；宽容会提醒人留意别人的观点，而不会强迫人接受别人的观点。

然而，识时务还有另一方面的含义。如果言行识时务，我们承担的责任就会小很多，别人告诉我们，应该做什么，不应该做什么，我们只需服从，不需要多考虑，决定什么是合适的，什么是不合适的。要别人识时务，似乎是指引人使用一种特定的思维方式，更恰当的说法是将其“强行灌输”给他人。我并不是在给大家“洗脑”，说识时务不好。识时务，更像是为了利益而产生的结果，别人没有识时务，而我们要求他这样做，把我们的观念强加给对方。

以前，识时务是圆滑世故的体现，有的人交际手段高明，有的人擅长判断局势，每个识时务的人都有自己的行事方式。遇到事情，有的人不直接表达自己的观点，有的人直言不讳，还有更偏激的做法，通过公开批评、与人争论，以表达自己的见解。言论是自由的，那么，大家会决定什么是他们可以接受的，什么是不可以接受的。

相反，如果知道了“边界”，就意味着，如果你不喜欢，那就处理掉它。我还是提醒一下：不要将你的问题当作别人的问题。看重你自己的观点和感受，但不要认为别人的想法和感受和你是一样的。

识时务并不会让你感到轻松，也不会让世界变得更美好。它们只会破坏已有的规则，并将它“打入谷底”。不过，它最终还是会重新“浮上来”的，但是会怎样“浮上来”、什么时候“浮上来”，我们就无从得知了。尤其是在政治立场上，像制定法规一样强硬的表态，虽然可能并不受欢迎，但会吸引那些犹豫不决的人赞成你的观点。

不理会别人的威胁

这里的威胁，并不是指对人生理上有损害的事，如果对你的人身造成了损害，那是攻击和刑事犯罪。你自由表达意见的权利，不要牵涉到我。说你想说的任何话都可以，但不要把我放进去！

别人在威胁你时的所作所为都不重要，重要的是别人威胁你的意图。

还记得前文中讨论过，为什么没有人能让你产生任何感觉的理念吗？即便我想要恐吓你，但如果你认为我只是在开玩笑，或直接忽略我的话，那我对你也无计可施了。我可能会继续做我在做的事，但如果达不到恐吓的目的，那还能怎样呢？

我给那些感觉受到恐吓的人做过诊疗，可以肯定的是，我对受害者抱有同情心，并且还认识到，那些受害者可能并不认为自己受到了恐吓。而且，其中有些人还很明白施害者做出的行为，并解释说，那些施害者只是在表达自己的看法，展露自己的个性，认为他们直率。遇到这样的人，就不需要太多心理治疗。

还有找我进行心理治疗的，他们通常说遇到一种很复杂的情况，即因对方没有教养、缺乏幽默感而受到“欺凌”或者是因自卑而受到“欺凌”，等等，听起来确实很复杂，不过需要这么复杂吗？

如果我能够说任何想说的话——从原则上而言——那么我的话对你产生了什么影响，处理并应对这种影响是你自己的责任，我们对我的责任和你的责任进行了明确的划分，那么接下来我们要做的就很简单了。

在第一部分里，我们已经明白了，每个人大脑中的杏仁体敏感度有多么不同，而这决定了我们会根据自己的个人经历，将见到的事物当成威胁还是玩笑。考虑你的童年或任何年龄段的经历，以及这些经历过程中你所面对的麻烦，这真的是我的责任吗？

当然，如果我知道你信仰某种宗教，我可能会特别小心，不随意开关于宗教信仰的玩笑。但是，如果我认为你所信仰的不过是迷信，而且你让我觉得自己的信仰遭到了攻击，例如你要求我尊重我所不赞同的东西，那我该怎么做？如果你是个难民，而我没有尊重你的感受，认为你是引起你所逃避的混乱的罪魁祸首，那你会怎么反应？这确实都是很敏感的问题。

如果将个人的自由和痛苦与更大的背景联系起来，那问题就变得更加复杂了。就以使用香水为例来说明吧。因为某人对香水有过敏反应，就要求其他人都不用香水，这合理吗？如果你认为这太过牵强，但纽约地铁确实曾因此提议乘坐地铁的民众都不用香水。

由于我们习惯于命令他人去做，所以就不需为自己的行为承担责任了。但是有些事，必须由我们自己做决定，尤其是人长大了，需要花钱的时候，我们突然就遭遇了这个不寻常的问题——这个问题我们必须自己负责。

我认为，我们常常把这种不熟悉的个人责任和我们所讨厌的东西混为一谈。我们并不是真的反对言论自由，更确切地说，我们只是无法阻止享有这种权利的人说我们不想听的话。

为了验证这一点，请想象一下，你仅仅因为说了自己应该说的话，而被人认为是恐吓他们，所以，别人阻止你表达自己的观点时，你是什么感受？如果你不喜欢什么事物，那就避开它吧，这很合理。如果你不喜欢同事们议论你，而你又无法掌控听到这些话时的情绪，那就寻求帮助，找到应对策略，不然就换工作吧。在网上受到了恐吓？那就关机吧。

“边界”和观点的表达

想一想别人可能要求你留意并接受的敏感问题。如，我可能不知道你的宗教信仰，却一直对你的信仰持不友好的态度；我可能不知道你曾经在生活中遭受过创伤，却一直批评你；我可能不知道你的性取向，但却对你说了不应该说的话，做了不该做的行为。

“边界焦点”提醒你，即便你自己或大部分人都不喜欢，你也不需要通过阻止他人表达观点来表达你的观点。“边界焦点”告诉你，遇到这样的问题，最好是不理会。

对“边界”的认识应该从小就开始。以一个被排斥的孩子为例。这个孩子被人排斥，成人出于善意而干涉这件事，他们不教孩子们用自己的方式和他人相处，让自己被他人接受，而是将这个责任化解掉了。此时，这个受到“恐吓”的孩子并没有学着怎样和他人相处，而其他的孩子也没有培养出正义感来。相反，这样的处理方式让这个孩子不记得自己曾被排斥，而只记得受到了“恐吓”，结果没有让任何人受益。

所有这些“恐吓”，无论是发生在玩乐场所，还是学校，还是工作场所，其实对施害者和受害者而言都是学习的机会。不过，我们任性地给这个行为贴上了其他标签，仅此而已。

如果所有孩子都认为这是不可接受的，而且孩子们认为这让自己受到了冒犯，那么他们就只记得自己受到的冒犯，最终的反应就是做出排斥或被排斥的行为，他们不会从中吸取教训，也不会改变自己的行为。他可以接受被他人排斥，或者追根溯源，去找到他人排斥自己的理由，并从中学到相应的教训，他怎样做，这是他自己的选择。

这里我要指出，我并不是在提供解决孩子问题的方案，只是提醒你一些事实而已。孩子怎样应对，都由孩子自己决定。在实际生活中，“恐吓”可能是很复杂的行为，尤其是欺负别人的孩子被认为是很酷的，大家都喜欢学他这种行为。

我说的是，不要侵犯“边界”，这只会导致更麻烦的问题。如果孩子遭到了生理上的攻击，那就报警吧！与生理攻击无关的这类事件中，如网络恐吓，你就要帮助孩子，最重要的是关心孩子，让孩子知道对方的真面目，不然，下一次再发生这样的事，他们就没有办法来应对状况了——很可能下一次就没有人帮助他们了。

换言之，我们可以教育孩子，将“威吓”放在一边——真的不用理会——因此还要声明一下，这并不表示孩子们就要容忍别人的威吓。我们说的不理会，就是不需要干预，不需要制定大量的、在阻止欺凌的时候就像灭草药一样有效的政策措施。

教育孩子将“威吓”放在一边的好处是，孩子不会因受到了威吓而感到沮丧、无力。如果我们只采取保护孩子的行为，并告诉他们，他们是需要保护的“受害者”，需要人帮他们，因为他们无法照顾自己。这是多么让人产生优越感的行为啊！

“边界焦点”提醒我们，如果某人感觉自己受到了伤害，那么除了他们自己，再没有人能帮他们摆脱这种感觉。即便是帮助他们挽回局面，也会让他们感觉再次受到了伤害。我们之前已经了解到，我们无法控制他人的感受，因此，最终还需要当事人自己找到方法处理自己的情绪。那么，为什么要去干涉，为什么不一开始就让他们自己去处理呢？

一开始就让孩子为自己的权利而行动起来，他们就会受到激励和鼓舞，就不会受到威吓影响，就会为自己而努力。他们不再依靠别人的倾听、信任，不再需要别人采取行动来保护他们免遭“威吓”。他们可以决定，只要他们不允许其发生，那么“威吓”就影响不了他们。

威吓别人的孩子知道自己的行为并不合适，如果让他们清楚自己的行为可能导致的后果，他们可能就不会再做侵害他人的行为，并且与其他孩子保持距离。事发后，我们总是把责任归咎于“威吓者”，并排斥他，然而，这个办法并不好，我们不能针对做出行为的人，而是让他们认识到这种行为是不好的。

排斥威吓者，也存在着潜在危险，并没有让威胁者认识自己的行为，如果他们认识到自己的行为不对，他们就有机会改变自己的行为，而且，他们愿意的话，改变之后还可以再次融入群体之中。如果没有威吓者，那也就没有人受伤，每个人都会按自己的方式行事。

心理失常——疾病还是因祸得福？

“边界”理论为我们留下了一个大大的承受空间，让我们通过不同的“镜片”去观察这个世界，让我们从另一个角度去看待我们所定义的疾病或失常。

在我的团队诊疗中，粗略估计，接受抑郁或焦虑治疗的客户占所有客户的比例为 50% 到 80%。客户进来咨询，我们都会温和地询问究竟发生了什么，问他们与家人的关系如何，他们是否热爱生活，通过这些了解他们的情感关系，了解他们工作和生活的平衡程度，因为这些能显示出他们体内的警示系统是否正常，如果工作和生活间不够平衡，这就说明他们内心的警报系统已经响铃很久了，就像流感一样，短时间内不会消失。他们都说，自己很难入睡，睡着了之后，很快又会大汗淋漓地醒来，然后很长时间无法再次入眠。朋友们只会说“你跟以前不一样了”，询问“你还好吗”来表达关心。

简言之，在这些故事中，当事人都会受到多种压力的压迫，而他们都很勇敢地用各种方法去处理，其实最初这些问题都很简单，而后来却随着事态的发展变得越来越复杂，最终令人不堪重负。然后，他们就要鼓起勇气面对这种状况，他们的配偶也可能会鼓励他们寻求帮助。这几乎是一个人的成长故事——但令人悲伤的是，许多人最终因不堪重负而试图自杀，有的人没能成功，因此躺进了医院里，更糟的是，还有人真的因此而死去。

不幸的是，回想起来，他们自杀的迹象很明显。他们的亲人在事发时就发现了逐渐恶化的局面，不过当时却将之归咎于其他原因了。有时候，压死骆驼的最后一根稻草被人找到了，问题也就此得到了解决。

虽然我可能同意“稻草”所代表的观点，但我的结论却不一样。我不会关心“稻草”问题的本质，而是关心它是什么时候、什么地方出现的，为什么会给人带来伤害。起初，“稻草”根本不会给骆驼造成什么问题，只有不停地去添“稻草”，“稻草”才会变重，才会让骆驼倒地，正如那个故事所说的那样。

如果那些迹象确实存在，为什么当时没有人发现，没有人理会，没有人去弄明白他们出现这些迹象的缘由呢？

这是因为我们不知道这些迹象会导致什么问题。第一次经历抑郁时，我们通常不知道这是抑郁，那我们怎么能发现自己得病了呢？我能给你的最好建议就是，如果你关心自己和他人的心理健康，那就平时多联系心理医生。什么时候联系都不会太早，只可能太迟。最糟糕的是，医生告诉你“不，你没有得抑郁症”。事实上，这是个好消息——我却认为，结果肯定更糟，医生是安慰你。知道自己感觉到了抑郁，你可以进一步寻求帮助，防止病情发展，这仍然是积极的结果。

然而，这种对待精神疾病的态度并不只针对抑郁症，而适用于我们通常说的各种精神疾病，听上去和“功能失调”含义相同。我认为，这种精神疾病不是“功能失调”，而是大脑在面对威胁状况时做出的功能性反应。

我们抑郁的时候，究竟是怎么了？我们变得对一切都很倦怠，什么都提不起兴趣，什么活动都觉得乏味，对他人和自己的事情都漠不关心了。从本质上来说，我们逐渐与世界脱节了，因为我们无法满足他人的要求，无法实现自己的愿望，我们对周围的一切和自己都漠不关心。所有的事似乎都堆叠在一起，创造出一系列新的问题，而我们感觉无从下手。结果，身体就出现了问题，其他事情，我们都交由别人来承担，而我们只能去休假、治病。这有什么不正常的？这个过程中，一切不都很合理吗？

更合理的办法不是改善那些状况，而是找到引发状况的根源。不然就相当于换绷带止血，却不去掉引起出血的尖刺。“边界”的概念让我们认识了抑郁和其他表现为情绪失常的症状。后面在介绍在临床上使用“边界焦点”的时候，我还会详细讲述这一点。

插手他人的事

无论是个人还是国家，插手他人的事都会给自己带来危险，所以，遇到他人的事，应用“边界焦点”非常重要，因为当事双方都能适用，而且意义重大。我们参与解决他人的问题和麻烦时，有可能会制造出更多更大的麻烦。这在人际交往和国际交往中都很常见。

正如我们之前提到的，对局势没有掌控权会让人感受到压力，一旦找到了突破口释放，我们就会变得焦虑、恼怒或抑郁。现在可以把这个概念扩展到你的伴侣、孩子或朋友的问题上，让我们来说说他们的“不快乐”，而你也可以用其他词来取代“不快乐”。

这是我刚开始谈论时所提到的一种变化的结果：一旦我们将某些事物视作自己的时，我们就要承担风险。如下图所示，如果某人有什么问题，他们能够处理，那它就是他们的问题。

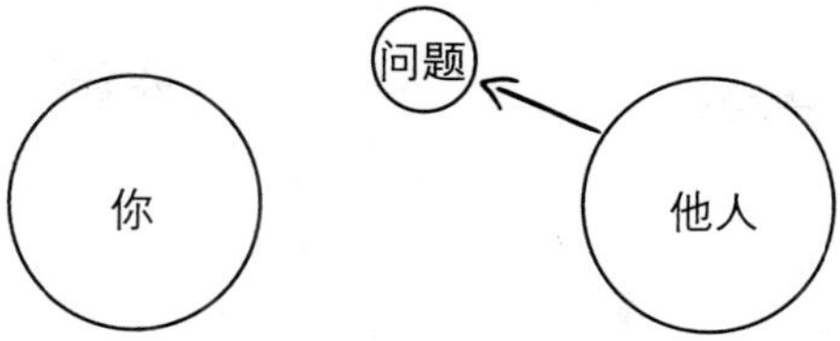

你可以与他人谈论，只要当“共鸣板”，并与他们讨论能够做出的选择即可。

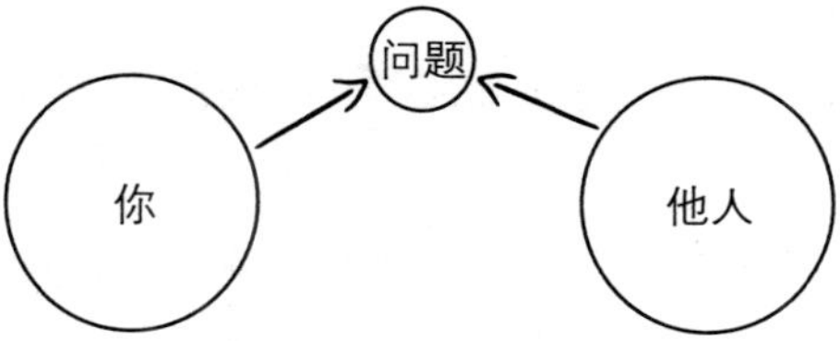

如果他们将问题视作自己之内的存在，那么，问题也就成了他们的一个部分，他们就变得脆弱、敏感，你一说那个“问题”（外在的事物），就像是在说“有那个问题的人”。正如以下图示，那个人与问题融为了一体。

如果你质疑这个问题，他们会认为你也在质疑他们。因此，尽管你提出的建议不错，他们也会难以听从，甚至会对你的干涉感到恼怒。他们就会自卫，正如我们受到攻击时所做的一样。

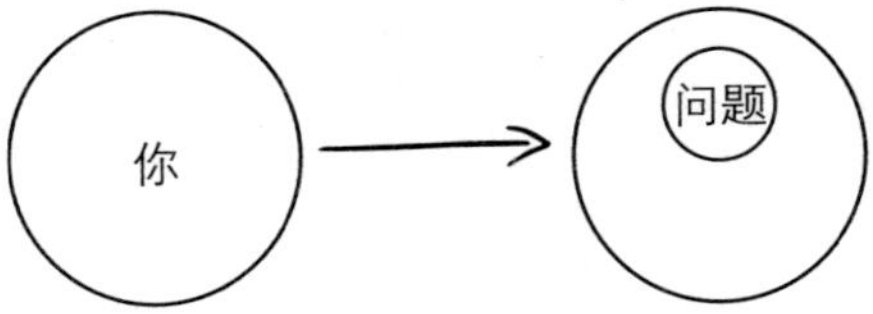

你可能认为你必须改变这个局面，让对方重新高兴起来，或者以某种方法解决他们的问题，给他们提建议或采取别的措施，因为你无法容忍看到他们受折磨。你的本意是想解决问题，这是你感觉自己应该做的事，这样，你就把这个问题视作了自己的问题。

这也是灾难的开始，因为你接受了原本不属于你的事物，让其成了自己的一部分，而与这个问题联系在一起的本来是另一个人。

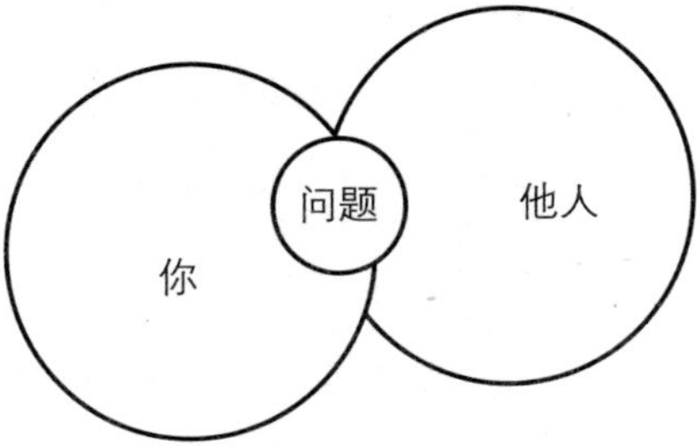

如上图所示，状况变得更加复杂了。现在两个人都与同一个问题联系在了一起，那么，这个问题究竟是谁的呢？

你已经把一个不属于自己的问题变成了自己的，你现在却希望另一个人用你认为合适的办法去处理这个问题。因为我们每个人都是不一样的，所以我们对同一个问题会有不同的看法，你认为合适的解决方案别人不一定能接受，反之亦然。但他们也必须采取行动，而你对他们的行为没有控制权。

这个时候就产生了压力。正如你所认识到的那样，这整个状况是一个你没有掌控权，也无法预测的状况，你可能会变得更加任性地处理问题，而这只会让问题变得更难以解决，甚至酿造更多的新问题。

我认为，要解决这个纠纷，就要首先尊重他人对问题的所有权，并捍卫他们自己解决问题的权利，这包括他们犯错的权利（尽管这样做代价巨大），所以，让他们自己去做必须要做的事。如果由于没有吸取教训，他们还是要面对同样的窘境（这是你想要避免的），那这还是他们的问题，犯错也是他们的权利——如果你坚持这样称呼的话。你可能认为那样做是错的，但他们可能认为那是个不错的解决方案。根据不同的观点所下的不同定义，导致的结果却是一样的。

如果你尊重他们的所有权，并认为那是他们的问题，那你就可以站在一旁观望、倾听，并最终做出这样的决定：这都是你的问题，我让你自己解决。最重要的是，做这个决定你不需要插手，并让自己感受到紧张的压力，而且如果你的“良好建议”并没有什么成效，你也不必要为没解决问题而焦虑担心。因为这不是你的问题，你自然也想不到什么好的解决方案。

上一份工作中，我在一处建筑工地干活，经常要依靠朋友帮忙完成工作。对待某些工作，他总与我观点不一样，这总是让我对自己的观念产生怀疑。那时候，我对“边界”并没有太清晰的概念，他总是会说他认为不错的想法，而我却觉得很讨厌：“你知道你在做什么吗？你做的都是错的。”这当然也让我对自己没有信心。

然而，现在我懂得了“边界”这一策略的威力，它能让你说你想说的话，与此同时也免除了你的责任。它让你表达你的怀疑，与此同时也展现你对他人能力的信任。

第10章

亲密关系中的边界：爱而不黏，亲密有间

如果我朝你扔了一个球，你就要接住它。如果你任它掉在地上，那说明你不想玩。但如果你接住了球，那我们就开始了我们的游戏。我们的兴趣是一样的，都喜欢球类运动，而不是其他运动。只是我玩久了，无聊了，将球瞄准了其他东西，想要开始别的游戏，而你干涉我。

这似乎是对一段关系的恰当比喻。最初认识某人的时候，我们并不知道他们接近我们的意图。我们可能认为是有共同的利益，只是立场不一样。想一想诉讼中原被告的律师吧，他们

负责同一个案件，但他们的立场和观点却是相反的，任何关系中的双方都是如此。

你可能想找个伴侣相亲相爱，正好遇上了也在找伴侣的另一个人。不过他可能只是刚刚离婚不久，或者妻子已经亡故，他的最初目的是想给自己的孩子找个妈妈，虽然有人去爱很重要，但这个理由可不同寻常。

当我们进入一段关系时，无论对方是亲密的朋友、配偶，甚至是事业上的伙伴，我们的某些个人兴趣是一致的。注意，我说的是兴趣，而不是利益。我们随后会明白，利益是产生误解的另一个缘由。我们都喜欢集邮，有同样的兴趣，这并不一定意味着我们适合做朋友。在如下的图例中，阴影部分表示的是我们共同的兴趣。

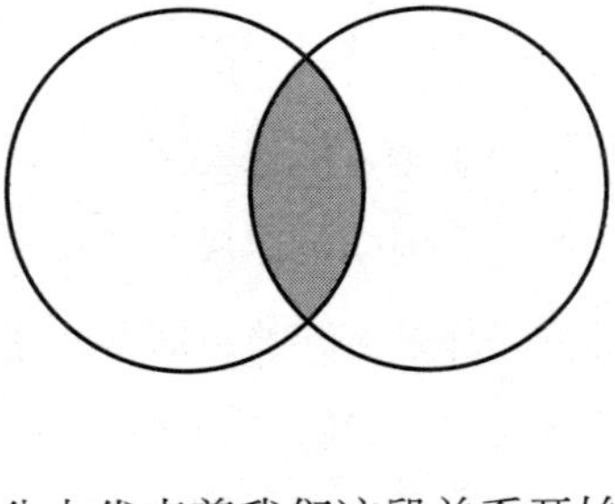

这个阴影部分也代表着我们这段关系开始的理由，无论是合作伙伴关系或加入某个俱乐部。

在上图中，我们很容易辨识交叠的部分，并标明它们的边界，但现实生活中，“边界”的具体位置和内容并非如此明确。

有一种东西用图示很容易标明，实际生活中却很难区分：除了共享的部分，我们每一个人都还拥有大量的“个人空间”，这个部分是独属于“你”和“我”的。

某些兴趣我们可能会逐渐共享，而某些我们可能就选择自己保留了。有时候，所有的东西会脱离我们的掌控，我们可能无法进入这个造就了我们自己的部分。我们所独有的可能是我们内隐记忆的一部分，并形成了我们无意识信念系统的基础和行为的驱动力。

当我们还是婴孩，刚刚开始认识这个世界时，这些内隐记忆就开始形成了。如前所述，从刚刚跟世界交流的时候开始，我们的神经元系统就形成了，并影响了我们与外界的互动方式，以及随后的神经元联系回路的发育。它们决定了神经元回路与新的大脑部分的联系通道，这种无意识的过程形成了我们的观念，让我们用自己独有的方式使用这些内隐记忆。

两人相爱并不意味着两个人能够相互融合。在浪漫而理想的爱情观里，“合而为一”是一个很受欢迎的主题，我认为这里的关键词是理想化。正如黎巴嫩著名作家纪伯伦所说：在一起的时候要给彼此保留空间——橡树和雪松并不能在彼此的影子中成长。

虽然我并不建议你们放弃这种努力，但我还是想要指出其本质，这样太过理想化了。在理想化的背后，隐含的是这样一个事实，即我们可能会走到一起，但却无法实现合而为一，如果实现了，也不能称之为理想化。词典中对理想化的定义是完美，而在哲学上，这意味着“无法实现”。“合而为一”是一种理论上“理想化”的状态，从这个定义来看，如果真的实现了，也就不再是“理想化”的了。

共享区域

随着关系的深入发展，伴侣们开始扩大重叠的“阴影”部分，他们会错误地认为，这代表着两个人“圈子”的重合（兴趣变成利益），换言之，就是否认自己应该有独有的那个部分，这可能是人类的本性使然。如前所述，我们的相同之处，在纸上很容易辨认出来，而在现实中，共有的部分很难区分，这也是人际关系难处的原因。

我们可能认为，只是因为彼此越来越熟悉，我们扩大这个假定的“共享区域”。然而，这个“共享区域”是我们自认为的，我们划定的这个区域，可以自由进出，而不会被视作对他人“区域”的侵犯。毕竟，我们现在是一体的，而这通常会让我们有这种想法：既然我们是一体的，就可以更进一步去扩大“共享区域”，对对方提出更多的要求和期待，或者相反，认为自己可以付出少一点。

我经常听到一些夫妻抱怨，婚礼刚刚过去不久，婚礼誓言言犹在耳，配偶对待他们的态度就发生了改变。详细了解这些抱怨产生的缘由，我们发现，女性总是希望改变她们的伴侣，而男性却总希望他们的伴侣保持一致。（虽然这只是表面现象，但许多人似乎都同意这种荒谬的观点）

我之前说过，试探别人的“边界”是人类的本性，这将我已死去的狗特普希排除在外了。它显然不是人，但却很明白自己能够做什么，以及想要去哪里做。因此，这可能不是人类的本性，而是我们进化过程中产生的副产品。社会地位越高，我们就越认为应该享受与地位同等的特权，所以这个特质变成了人的第二天性，而不是人的本性。它支持“边界”是一种进化需要，随着物种社会交流层次的提高，它的重要性也在提高。

如下的例子可以用来证明这一点。你决定与某些同事组织合伙用车（轮流用私人汽车接送其他成员），并且每天都开会讨论用谁的车。一天，一位同事问，你能不能去他家里接他上班，因为他的车已经被送去修理了，你认为并不是什么大事，很高兴能够帮忙，因此，他的车放在车库里等待修理。而你本来只答应了那一次的，却变成了经常接送他。你还没意识到这一点，你就做了接送的工作，而没有享用过他接送你，在这个过程里，你跟他的关系拉得更近了，但如果你们闹翻了呢？

虽然我举的这个例子你并不喜欢，但你可能也认为，一个对彼此有害处的提议，会随着时间过去而变得对彼此都非常重要。虽然我不是在特别说明持续了 20 年的婚外关系，但它可能也适用于同样的机制。

确定边界

人保持自己的“边界”，意味着他们不会以自我为中心。相反，它意味着你要接受他人的不同之处，并尊重他们表现不同之处的权利，而且还要尊重让他们产生不同想法和期待的不同经历。

在之前举的例子中，你应该已经留意到，我让你与他人保持“边界”，这意味着你遇见的任何人，他们的感受和反应都应该得到你的尊重，正如他们也应尊重你的感受和反应一样。

以尊重的态度对待他人，意味着你不自私，不以自我为中心。一段尊重彼此“边界”的关系正是建立在这一基础之上的，任何问题都是根据你应为自己的感受负责，而不是将责任推给他人这个事实而得到解决的。我们因彼此的不同之处而尊重对方，而不是相互攻击。

如果你正遭遇因个性而牵涉到各种问题的复杂状况，为每个问题划定“边界”，这能让你用新的方式去处理这复杂的状况。“边界”确定了一个不可否认的事实，它可以作为一个定位点，让我们重建关系，重新面对问题。“边界”的价值是中性的，但却给那些不切实际的幻想划定了一个圆环，提醒当事各方都注意自己的极限和缺陷。只要“边界”存在，将我们每个人都定义为不同的个体，它们就重新确定了我们的“个人空间”，在这里我们有权得到尊重。确定每个问题的“边界”，这是我们解决问题的第一步，也是最重要的一步。

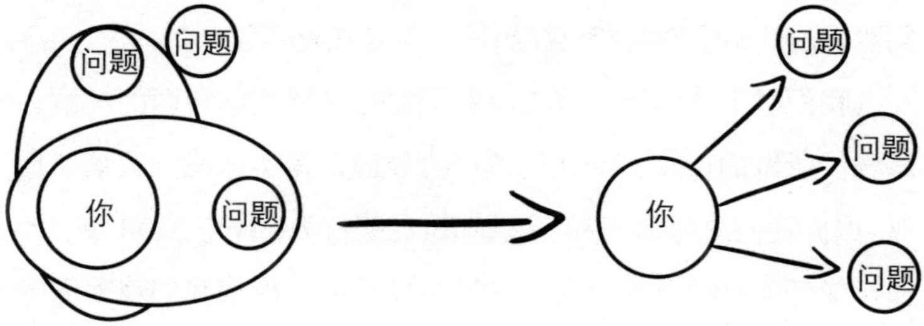

玩球的规则不适用于夫妻关系

一位客户告诉我，没有达成妻子所愿，或做了妻子不想做的事，他都会觉得遗憾。然而，感到遗憾却不能让他改善与妻子的关系，而且他突然的情绪爆发，与他习惯性的道歉，都会对他们的关系产生不利影响。那么，你怎么知道既能让自己控制好情绪，也能让你尊重你和他人的“边界”的“点”呢？它在哪里？

如前所述，我们身上的动物本性之多，连我们自己都不敢承认，通常我们会不假思索就做出本能的反应，这是事后你对行为的解释，然而，这并不是合理的借口。我想要强调解释和借口之间的差别，因为我们常常将这两者混为一谈。

我们做出的反应是我们认为出于本能的，或者我们认为别人在我们这种状况下也应该会做出的反应。如果你的反应是正常的，那么大家也都会这样反应，这不会成为人们质疑的问题。然而，如果你的反应出人意料，这不是由于你所回应的对象有问题，而是由于你对自己经历的理解方式有问题。

我们对事件的第一反应是我们对所见所闻的东西的理解，而我们所做的行为，即我们的行为反应，其实是我们的第二反应。根据我们的观念，我们会选择自己的行为，生气、尖叫、跑开、痛斥或任何其他行为反应。这种生理反应是根据我们观察周围环境所得的结果，而且既会受到当时事发状况的影响，也会受到我们以往经历的影响。

无论你的上司、同事、朋友、伴侣说什么或做什么，都是由特定的环境决定的，而不是自然而然地做出来的。我们的反应与我们真正见到的、听到的东西无关，相反，与谁说的或谁做的关系更大。设想一下，一个陌生人靠近了你，说了一些你不喜欢听的话，例如“你这个傻瓜”。你做出的反应会与你朋友这样说你时做出的反应一致吗？肯定不一样：如果是你的朋友这样叫你，你肯定没那么生气，或许你还会把它当作一句没有恶意的玩笑或一个亲昵的称呼。

你对一个人越熟悉，问题就越复杂，因为他们所说和所做的理由也越充分了。当我们面对陌生人时，我们可以说：“关我什么事？”而如果质疑朋友的行为，我们则会想：“他这样做是什么意思？”

你配偶的言行都带有自己强烈的情绪和意见，有其特定的含义。也正是因为这一点，你才会做出反应，并引起你们的争吵和不满。在这种情况下，你要记住，你们并不是在“玩球”，要宽容大度地对对方做回应。

“玩球”意味着你要专心地、竭尽全力地去打，而不能输给“他们”。在夫妻关系中，对方是唯一能够说你不想听的话的人，一旦对方说了，你们的争论就开始了，你们可能为了一个问题不停地争论，却没有输赢。所以，像打球一样，争输赢是不好的。

这种情况下，尤其需要从“边界”的角度来考虑问题。这样就能区分出彼此的问题和观点，并逐一处理，这对你们是很有帮助的。处理夫妻关系问题的时候，你要在心中做好计划。当你做早餐的时候，你会开始洗车吗？你开始洗车之后，然后停下，写一封信，快速地给地毯吸尘的时候，又给朋友打电话，然后再去洗车，你早晨会这样做吗？肯定不会。

当你与别人有不同意见，并开始争辩的时候，制定一条规则：一次只处理一个问题。这问题也包括你的感受。记住，将你的感受与你们争论的问题分开来，试着说：你这样说，我感觉……而不要说：你这样说让我很生气。

你不会因为说出了自己的感受和其产生的理由而受到他人的责备。不要把责任推给别人，这会让你找不到解决问题的方案，反而会引发新的问题，你们又会因此发生争吵。

如果别人控制了你的感受，那么，他们也能让你改变这种感受，而这会让你觉得悲伤或愤怒。这种说法大家都明白，只是不明说，它似乎是我们与配偶对峙时感受到的压力源。当我们认为对方有能力控制我们的感受，而自己却无能为力时，我们就会出现潜意识的压力反应。

让我重申一次那个好消息：没有人能让你伤心，或改变你的感觉。因此，如果你不想如此，你就不会再度经历这种无助感。卷入纷争时，请认识到这一点：生气是你的选择，而不是别人让你生气的。你还可以有别的选择，不让自己承受那种痛苦。

别干涉我，我的爱人

你有没有参加过那种全是陌生人的聚会？你向大家问好，然后就独自一人站在一旁之后，你最先做的是什么呢？你有没有观察周围的人，并找一个自己最想要认识的对象？你是不是会找一个看起来很有趣或吸引你眼球的人？

大部分人都会回想起类似的经历。我们怎么会被一个从未谋面的人所吸引呢？让我用如下的方式来表示一个人：

要被他人吸引（或吸引他人的注意），你和对方就应该在某些方面有共性，因为只有我们熟悉的品质才会对我们有意义，才会让我们觉得这个人能够吸引我。起初，我们并不知道什么

是没有意义的共性。我们无法对一个从火星来的人产生生理上或者性爱上的兴趣，因为我们没有共性。

选择配偶的时候，我们找的是共性，找的是一个能够理解我们，了解我们需要的人。我们可能还会找与自己个性相反的人——因为自己可能无法，或者不被允许表现出那种个性特征来，所以我们认为，有这种个性的人对我们也很有吸引力。因为对这两种方式很熟悉，所以我们认为我们的欲望和要求，都可以由与我们有共性或个性相反的人来满足。

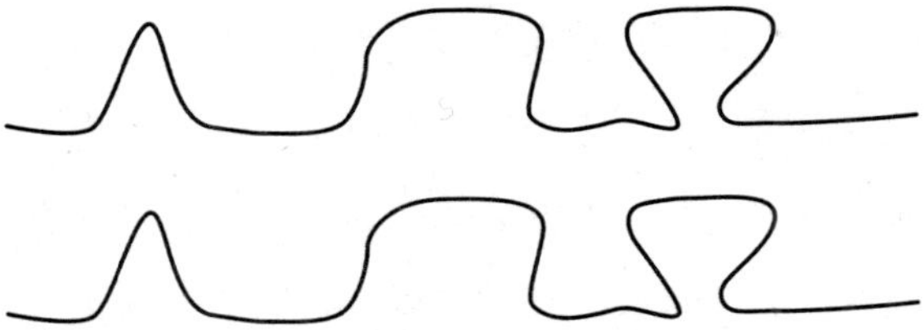

熟悉还意味着，从某种程度上说，他们可能有与我们相似的需要和欲望。无须解释，他们就会知道我们想要什么。有时候，这种人被称作“特别的人”“灵魂伴侣”或让我们“一见倾心”的人。

现在，又出现了问题。虽然有相似的生活经历，相同的兴趣和利益，而且相互了解各自的需要，但随着时间的推移，环境的改变，这些可能会发生改变，这样的话，双方就无法保持同步。

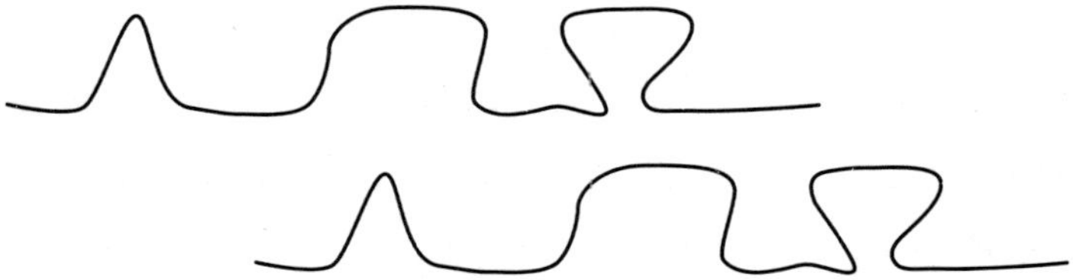

这种不同步让我们的关系变得紧张。曾经让我们相互吸引的特质，包括我们可能不想承认或不喜欢的特质，都变成了争吵的源头。例如，我们不喜欢自己的害羞，有时自己偶尔嫉妒他人，也不喜欢在别人身上看到同样的特质，我们就会批评他或者攻击他。这个问题要特别注意，因为一个问题出现在自己身上，我们通常会忽略，而出现在别人身上，我们就会指责。这样我们的感受会更好，因为批评了别人不受欢迎的特质，我们就产生了一种满足感——即使别人的特质没有造成什么影响。

如果伴侣有你不喜欢的特质，你对伴侣的厌恶就会加深。这是一种很不错的技能，能够让我们感觉更好，只不过我们需要付出惨痛的代价：关系破碎。

这种不同步还应注意什么问题？我用下图做比喻。如图所示，将一个孩子比作一个完整的圆圈。如前所述，母亲们总是出于安全考虑，阻止孩子们去做他们最喜欢做的事，例如，孩子正要去触碰炽热的火炉，母亲就会握住孩子的手。

我们增加了已知的伤害，这个圆就不再完整。

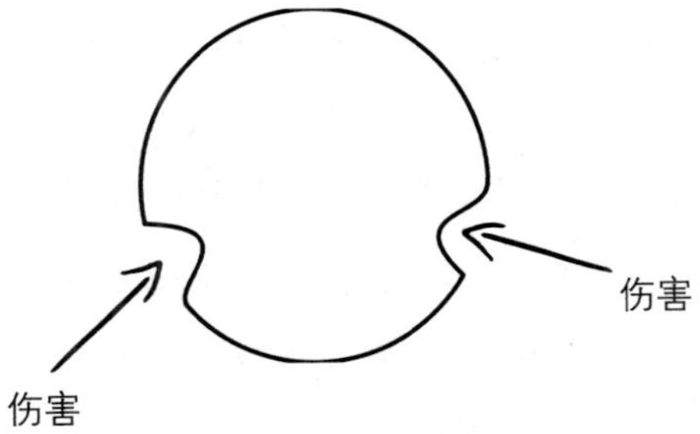

虽然母亲阻止孩子的理由都差不多，但婴孩是没有理性的，孩子只知道，自己被阻止后的感受如何。他认为自己受到了伤害，尤其是会有这样的想法：妈妈确实不爱我，或者她不应阻止我做这件事，因为这件事让我感到非常快乐。根据自己的感受，孩子得到了这样的观点，这是孩子当时最重要的反应，而这种反应被储存在情绪记忆之中。结果，为了不让情绪恶化，他就学会了保护自己。

这种情况下，保护机制就会抵抗痛苦和潜在的伤害，这样你就会看到一个不太完整的圆。

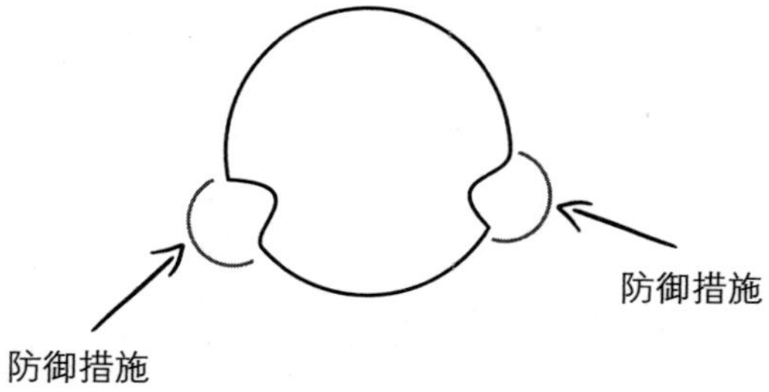

伤害越深，孩子就越需要自保和自卫。每一次新的伤害都会让孩子重新加固防御措施，让其他人远离孩子的“重心”，远离孩子脆弱的地方，以免再次受伤。

上图表明，从生理角度而言，保护措施怎么让我们变得更强大，完整的圆变成了一个又大又笨重的物体，每一个肿块都是为了保护脆弱的部分而起的，但也让那个部分更加突出。由于体型的增大，它更可能成为一个障碍，让伤势更加恶化。尽管伤处在层层保护之下，但伤势却像天线一样出现在了表面，结果让人变得更加脆弱。

随着防御措施的增加，恶性循环开始形成，这让我们变得更加脆弱，因为它让我们的“脆弱区”逐渐增大了。当然，你也可以将之称为面临攻击时的自我保护。

虽然我们并不一定要接受这种心理动力学解释，但无疑它帮我们理解了情绪是如何产生的。一旦遇到伤害，我们就通过防御机制来保护自己，而每增加一层防御机制，我们就更加敏感、脆弱，因为它会提醒我们，它保护的伤口的存在，对方安慰的话，我们也会当作攻击，对方无害的行为，我们也会认为有害。

婚姻生活中的防御机制

这对人际关系而言意味着什么？

一个发人深省的结论：在人际交往中，你接触的不是人，而是他们的防御机制。

你评判或喜欢他人的根据，就是人的防御机制，你用防御机制，对别人做出反应，对别人进行评价。更进一步来说，你对他人的了解只是通过他们的防御机制而来的。这样的机制包括看上去积极的行为，例如“友善”，这种品质可能会因为你高度敏感而失去它，这个品质不仅适用于你，当然还适用于你遇见的任何人。只有你自己才了解你自己。

我们能在吸引了我们注意力的人身上，找到自己的特质，与此同时，我们也在找寻能够给予我们自己渴望得到但难以得到的东西的人。我们需要让我们梦想成真，能与我们互补的人。

我们也将幻想投射到那个人身上，并将这种幻想注入我们自己的思想中，以满足我们的期待。满足我们的需要意味着对方也得到了满足，因为他们也想要有人互补。让对方高兴也意味着让自己高兴，哪怕只要我们心里有这种想法，这也就是理想型的互补。只要这种状态持续，他们就是我们的“完美伴侣”，是我们“身穿闪亮盔甲的骑士”，我们的“完美公主”或“更好的另一半”。

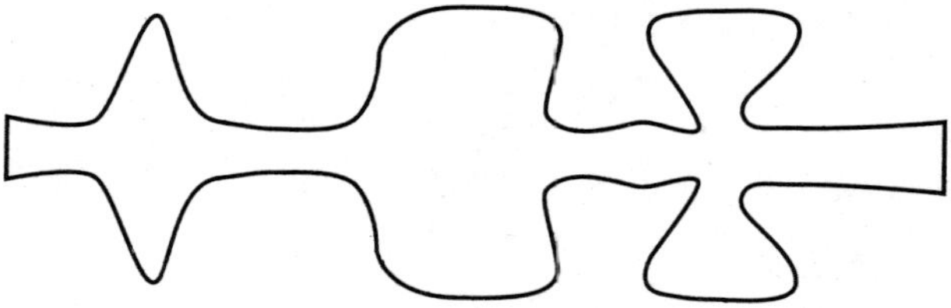

但是，我们遇到了如下的状况：完美的王子与他的公主有同样的需求。我们没有获得预料中的互补，我们的期待变成了失望，我们的“形状”不再像之前那样贴合了。但我们仍然维持着这段关系，因为我们认识到，我们已经找到了自己在找的人，只不过我们有需求的时候，对方却不能满足。这会反过来增加我们的挫败感：“我知道你明白了我的需要！你为什么不满足我，给我想要的。你这个讨厌鬼……”现在，我们就进入了一种彼此不再那么神秘的、不再具有吸引力的关系机制之中。正如你所了解的，这样双方除了侵犯彼此“边界”之外，没有什么“重要”的状况。

承担责任

如果坚持“边界”原则，我们就会认识到，这段关系和我们的配偶都没有问题。造成伤害的是对彼此的期待，因为我们没有把对彼此的期待表达出来，你的言行也就得不到对方的理解和认可，最重要的是，我们可能自己都没意识到，自己的行为给对方造成了伤害。

你不需要解除这段关系来避免以上 “陷阱”，事实上，如果你重新开始一段关系，很可能最终也会遇到与上一段关系中同样的“陷阱”。问题的答案就在于保持“边界”，你为你的幸福负责，我为我的幸福负责，就这么简单。困难之处可能在于，我们通常在彼此遍体鳞伤时，才认识到这个问题。

因此，最好是由关系之外的其他人来提醒关系的当事人。当有人就夫妻问题来进行心理咨询时，我就向他们解释这一机制，并建议双方一起来。双方来后，我再说明，问题不是对方的自我中心主义造成的，他们只需要朝修复关系的方向迈进一步即可。

虽然梦想和期待可能会让一段婚姻关系陷入危机，但只要双方能够为自己的情绪和幸福负责，这段关系就够得到更好的发展。

最好的办法是，重新界定上文图片中阴影部分的内容，让双方都能自由做自己、自由表达自己的思想和情绪。确定“我”和“你”的个性“边界”，兴趣、利益和义务职责的“边界”，这样做是不会错的。巩固关系的时候，以上这些都会得到重新界定。

在这个过程中，如果夫妻双方意识到，没有什么新的东西增加到他们的关系之中，维持也没有什么意义，就会导致关系的解除（在个人、事业或其他关系中也是如此），但至少，他们能够更理性地面对问题，而不会仅仅做出情绪化的反应。当对方提出解除关系时，你可以表示同意或不同意，如果不同意，你就可以向对方提条件，来弥补这段关系解除给你带来的伤害。

婚姻关系和其他关系存在的问题

之前提到的吸引力法则也说明了一个事实，即我们认识一个人的时间越长，与他们的关系越亲近，他们就越明白什么样的行为能够伤害到我们。他们知道什么样的言语和行为对我们伤害最深，而他们这样做是有目的的（至少我们认为如此）。

我们认为，受伤之后有权进行反击，无论是身体上的，还是情绪上的。但这是可以理解的行为，不是吗？可能是可以理解，但是值得吗？显然不值得。有必要吗？完全没有。这个答案显然也是由边界和“边界焦点”的概念决定的。

因为没有人能让你生气或受挫，因此指责他人是没用的。我们为什么要指责他人呢？难道这是多年形成的习惯？还是因为责怪他人比弄明白我们为什么会受伤要有用？质问自己的爱人的言行对我们造成的伤害，有什么用？

如果对自己诚实，那么我们都要承认，经常发脾气、大喊大叫的行为很幼稚。如果别人说我们经常做幼稚的行为，这就很难以接受。那么，我们怎么总会做出像孩子一样的行为反应呢？

答案就是：几乎每个人受到伤害时，都会做出这样的行为，在遇到情感危机时，情绪上更不理性。其实，绝大部分人都是理性的，只有在我们的脆弱之处被暴露出来，受到了打击时，我们才会处于不理性的境地。那时候，我们才会做出不受理智而是受情绪主导的行为反应，而别人称之为幼稚。

当我们感受到情绪时，请记得一定要想到，这是“能量”。我们积蓄能量是为了防御时再释放能量，就像蒸汽机积蓄压力不是为了积蓄蒸汽，而是为了发动机器一样。产出蒸汽只是通往结果的方式，我们所感受到的情绪也是如此。

这个过程并不令人愉快，因为它与危险有关。我们虽然需要做好准备，但也希望危险能够快点结束，这样我们就能再次变得轻松起来。尖叫、砸墙、狠狠地关门，将收音机音量调大干扰邻居，大声咒骂等行为，都能帮助我们释放超额的肾上腺素。如果不是为了某物、某人，或某段关系受损而报复他人，那么这个过程就能够完全发挥应有的功效。因此，错误的不是这种行为，而是产生这种行为的环境。

这也是某些独居的人不会因为发泄了愤怒而感到抑郁的理由。这并不是说，独居的人就不会经历抑郁和沮丧。他们只做他们想要做的事，他们发泄情绪，没有问题，因为不会有人来为此抱怨或感到受伤。

冲突，是因为至少两人共享一段情绪经历而产生的。不同的人可能遇到同样的事件，然而产生的情绪却不完全相同。我最多能够在遇到同样的事后，才想到你可能有的感受，因为你的感受都是根据你之前的生活经历、这些经历对你的意义和让你产生的情绪而产生的。这些也决定了你会说的话、所做出的反应以及你对他人的期待。

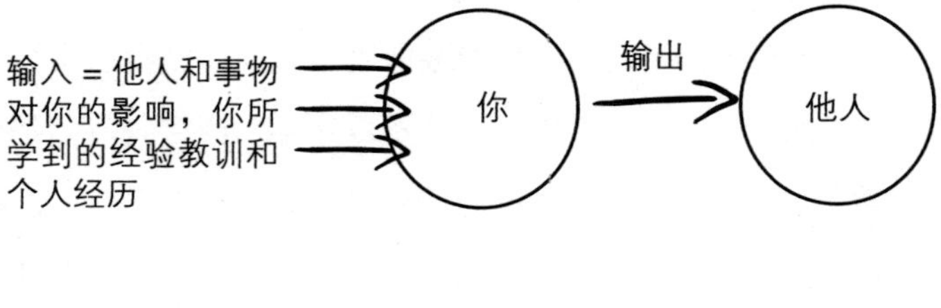

下面的图示则展示了我们所得到的：

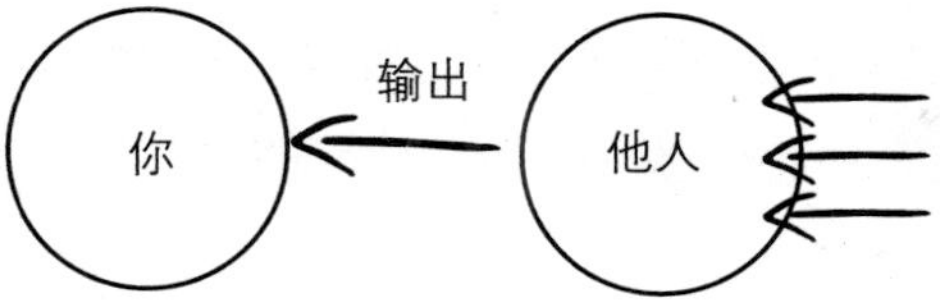

如上图所示，向右的箭头和向左的箭头本质是不一样的，我们可能会争论到我们中的一个脸色变绿（不要挑剔颜色，也很可能是紫色）为止，也可能会尊重他们的经历给他们造成的影响，不与对方争论。究竟情况会如何发展取决于我们对彼此尊重的程度。

这里提供一系列我们对他人，尤其是最爱的人有非常强烈的反应的理由。如前所述，初次受伤的经历发生在幼童时期，这时候，我们只能以孩子的心态去面对并接受事物。由此而产生的保护机制，是由小孩子简单的心理处事能力决定的。进入成人期后，人还会携带着这些婴孩时期的防御机制，面对伤害做出的反应与孩童时代受伤时的反应一样，因此人就容易做出冲动的反应。

虽然我们是成人了，但我们遇到另一个人，总要先花时间了解对方，之后才会放下戒备，这样，我们就容易受到以前所经受过的类似伤害。并且，我们的情绪大脑也是这样幼稚，这也是我称主管情绪的大脑为“孩子大脑”的理由，它本来就不是我们用于思考和成长的工具。

我们所爱的人说话，我们就认真听着——以防有潜在的威胁。我们成长过程中受到的保护越多，我们就越无须警惕。监护人将孩子保护得越好，他就越脆弱，长大之后也越容易将根本产生不了威胁的事件当作威胁。

任何被视作批评的评判，都有可能穿过“边界”，诱发我们的警报反应，然后产生势能，导致谴责、反击，让我们的关系更加复杂。

而“边界”能够帮我们解决这个问题。理解这些冲突产生的根本理由，能让你先辨明哪些问题不是你的，即便对方一直声称是你的问题。就像一件不想要的礼物一样，你可以把问题推回去。

“边界”还能让我们将特定的问题“圈起来”，这样我们就不会一有机会就提及，而且这还意味着，你不用总是面对相同的问题。使用了“边界”，我们就不用在圈圈里转到头晕眼花。

人际冲突的组成

这可能是我们应用“边界”方法时最有争议的部分了。当然，这也是“边界”模型最有用的时候。

一部电影，情节不跌宕起伏，没有戏剧化的剧情联系，没有让主角两难的戏码，那就不配提名奥斯卡。事实上，你可能会认为这样的电影让人觉得乏味。

电影最吸引人的是其复杂多变的剧情。不同人的利益相互碰撞，遇到机遇的同时要承担风险，主角需要在两种不同的价值观中做出抉择，这样的电影才吸引人，生活也是如此。生活的剧情越复杂，我们的参与度就越高，产生的情绪能量就越多，随之而来的还有既定的利益。我们提出建议时，是希望甚至期待得到他人的认同，甚至期待他们照做。但是，如果我们不关心他人的认同又会怎样？它也不会造成什么问题，不是吗？

与他人相爱就意味着对方对我们很重要。我们很在乎他们的现状：发生在他们身上的事就如同发生在自己身上一样。他们的失败也会让我们深感受伤，因为我们不仅为他们的失败感到遗憾，我们也会为他们的感受而感到遗憾——这是双重的打击。我们不仅担心他们所担心的事，还担心他们。

我们所爱的人自然也是我们想要去爱的人。这种爱是我们相互交流的产物，也是让我们得到自我满足的需要。我们所考虑的主题就是我们要幸福。“我会让你的余生幸福”，这只意味着满足了我认为的你的需要。因为我不可能知道某个特定时刻你真正想要的是什么，我将自己的感受代入到你身上，认为你会需要什么，因此，也认为我所想到的事物能让你幸福快乐。结果，当我为你做了什么事时，我期待着你会跟我一样，为我给你做了这么棒的事情而感到满足——无论如何我是这样想的。就像在本书的开始，詹姆斯送的那束花一样。我希望你现在能明白，为什么事情没有按他预期的那样发展。

你现在能明白，你对我有多重要了吧？你做出的反应对我非常重要，因为这是我做出行为的理由——我希望，我的行为能让你和我都感到满意。

这是你所爱的人对你的感受有如此重要的影响的理由之一。情感投入得越多，你就越可能失败。这与金融投资有一定的相似性，因为它们都涉及风险，而这也是我们古老的“小”大脑所主管的。这部分大脑还不够成熟，不能考虑投资的质量、目的和性质。当所有的信息都进入大脑皮层进行重新评估时，大脑才会考虑到这些。显然，我们收获或失去的越多，我们的情绪敏感度就越高，这种敏感度指的是我们感觉受到了侵犯、伤害、攻击，或者我们的需求被人忽略了。

我们对配偶的承诺和感受都不确定，这样的状况通常会引起争吵、误解，并最终变成其中一方沉默着接受现状，那些曾经深爱的伴侣可能还会大吵大闹着离婚。我们怎么才能避免这种状况呢？

显然，我们无法找到适用所有问题的统一答案，我也不打算给出什么答案，但我可以给你良好的建议。首先，要确保沟通渠道畅通。经受失望时，我们所担心的威胁似乎真的要来了，双方一直僵持不下，理智地进行沟通也似乎越来越难了。我们担心会失去太多，于是决定挽回局面：发起攻击，并试图找到答案，与此同时，还要不显露太多弱点以自保。这种交流——

如果还能称之为交流的话——就会变成吵闹，我们的语气就会尖酸刻薄，态度很不友好，直到双方都冷漠无言。结果就会陷入僵局，或者“家庭纷争”，虽然双方可能都沉默着，什么也不说。这种情况下，我们往往更有挫败感而没有继续下去的决心。因为我们越争论，就变得越脆弱，“如果我这次输了，那我就出局了”，大脑中的杏仁体提醒着我们，它无法分辨我们面对的是敌还是友。受到袭击的时候，它无法分辨出是不是友好的行为。我们正在进行的是一次必输的战斗，因为这时候，赢即是输。但是，我们该怎样阻止局势恶化呢?

首先就要避免这种局势的发生。“好吧，谢谢你说得这么明白，”我能想到，你一定会这样问，“但究竟该怎么做？”

这是我的问题吗?

你可能想知道这与“边界”有什么关系，而不仅仅只思考这个问题的答案。

许多词都能用来表达“边界”的含义，如限制、条件、范围等等。“边界”的概念就是将彼此区分开来，并且认识到自己与其他人和事的不同之处。但显然，这一点很容易被我们忽略。我们还不知道情况就被牵连了进来，不加思考地同意了一些事情，就像是我们还没怀孕，怎么就抱着了孩子呢。

提醒自己记住这一原则，即“边界”是用来区别不同的事物的，当然也能帮你明确自己的需求，明确什么是你的问题，什么不是——你可以自己选择。

有一次，我在郊外遇到一位年轻人，他问我能否搭我的车进城，因为市区距我们所在的地方太远。他告诉我，他只是来这边旅游的，当时正要回国。不幸的是，在边打工边旅游的时候，他的所有的钱、护照、旅游签证和其他财物，都被偷了。我问他该怎么回去，怎么去机场，因为机场距离当地有100多公里远，他说他不知道。

如果遇到了这种事，你会怎么做？把他送到机场？给他一点钱？那会给多少呢？只给到机场所需的钱，还是足够他买机票回家的钱？你会有不得不做某事的感觉吗？

别人向我们求助的时候，我们总有种“这是我的义务”的感觉，或是想多说点什么的感觉。（由于那位年轻人没有向我要任何帮助，那么要不要帮忙就完全取决于我。我把他送到了一个容易打车的地方，这样他便能再打车去机场。）

这种类似的状况又让我们回到了以上的问题：这是我的问题吗？如果答案是肯定的，那就去面对，去处理；如果不是，那么做出下一步行动之前，首先要确定你是不是真的想要参与进去。在我刚刚描述的那件事中，我当时既没有钱，也没有时间更多地去帮那位年轻人。

如前所述，将一个外在的问题视作自己的，就意味着你现在有了一个无法掌控的问题，因为这个问题是属于其他人的，你只是选择了参与进去而已。

因此，我建议你，如果有人有事征求你的意见时，你就应先问问自己："这是我的问题吗？我真的想要回答吗？"你对这个问题的回答，是你决定要不要提意见的第一步。

你可能认为我扯得太远了，但请考虑如下状况：你在一家公司上班，每天早上，前台的工作人员都会友好地问："早上好，你好吗？"你毫不思考地做出友好的回应："很好，你好吗？"而事实上，你与对方并没有交情。尽管如此，你本着友好的原则，每天都会做出同样的回应。某天，你在办公室茶水间偶遇了这位工作人员，她开始与你聊天。因为你总是会回应她，问她好不好，因此她认为你会愿意听她倾诉，她开始与你谈她遭遇的问题，并最终向你求助："我该怎么做？"

事实上，你不仅不知道该提什么建议，还可能根本不关心，也甚至不想听到这些。她说得太多了！但是，什么时候你会明确表示对此不感兴趣呢？我确实认为，你不会明确表示的。你既不能提出建议，也不知道想什么办法离开。如果你找借口离开了，你可能还会觉得愧疚。

一开始，先告诉自己"她问好，只是一种礼节，并不表示真的关心我"，这能够让你在回复这句日常问候的时候，只说一句"早上好"，而不说"你好吗"，或者"一切都还好吗"，如果你说了"你好吗"，或"一切都好吗"，就让她产生了误解，就会让她认为，你愿意与她交谈。如果你对这个人和这件事根本不感兴趣，那为什么还要发起本来不想发起的交谈呢？

我很认真地提醒你，将其他人的问题视作你自己的问题时，你要仔细思考再做决定，这是参与一件事的第一步。即便你决定将问题视作自己的，你也要考虑该怎样说、怎样做。你会发现自己经常遇到这样的困惑，“问题怎么变成了这样？”你经常想不起来，那个给你造成压力的事物是怎样在未经你同意的情况下干扰到你的。这是因为你没有认真做出该做还是不该做的决定，做出决定以后，你也没有认真思考该怎样说、怎样做。

有人向你求助的时候，你先问自己“这个问题属于我吗？”，这听起来很不近人情，但是，却能够让你摆脱复杂的人际关系。很多来向我咨询的人，就是因为没有问自己这个问题，而被困在复杂的人际关系中无法脱身。他们似乎无法避免别人将问题推给他们，只有在自己承受的压力过重时才会想到，这个问题自己可以不管。如果遇到问题，还不弄明白这个问题是不是属于他们，那么，他们的未来就会一团糟，一旦摆脱了一个困境，马上就会遇到另一个困境。

显然，如果你并不介意，而且有时间发泄情绪，你就没必要担心他人的问题给你带来麻烦，不担心他人的问题给你带来麻烦，这可能也是你遇到的唯一的问题。你的问题真少，你真幸运。

实际效果

对我们而言，在状况变得太复杂之前先问问自己“这是谁的问题”，可能很有用。习惯于回答这个问题，能帮你在情绪上拉开与问题的距离，并做好处理问题的准备，尤其是在与情感有关的状况中。

这个问题为什么有用？我们情绪化的时候，右脑接管了我们的身体，指引着我们的行为。由于语言功能区位于左脑（理性的大脑），所以我们主管情绪的大脑部分无法用声音来表达这些情绪经历。理性的大脑则试图识别从情绪大脑收到的信息，换言之就是将没有“意义”的东西用有意义的语言来表达，因为情绪是非理智。如前所述，语言只是我们情绪经历的符号，不能传递出我们作为个人所感受到的独特情绪。

参与激烈争论的两个人应该说的是两种“语言”——事实上确实如此。争论过程中被激发出的情绪越多，这两种“语言”所表达的中心就越远，这场争论中，唯一的胜者就是失望这种情绪，双方肯定都非常失望。

与你爱的人争吵，你可能会不愿说出自己的真实想法，因为你担心自己的真实想法对方可能无法接受。好吧，那这是谁的问题呢？你问自己这个问题，就会客观地对待你们的争论，你的情绪就不会再那么激烈。只有在新的情绪产生时，你才会认为根据情绪得到的答案是错误的，你才会找到真正的“解决方案”。

如果想要化解麻烦，将麻烦“移开”是不行的，必须经过理性思考获得解决方案。

如果和你沟通的人“选择”（我真的不喜欢这个词，但你应该明白我是什么意思）心烦、恼怒、伤心或他们所称的任何情绪，这真的不是你的问题。为什么？因为你并不知道自己的言行会对对方产生什么效果，你只能进行推测，而且你的推测可能是对的，也可能是错的。

虽然你的期待和梦想是由你的经历决定的，你“知道”他们的反应，但对你不利的是，他们反应方式可能发生了改变，他们也可能因时间流逝而又采用新的观点。预先“知道”他们的反应，你就将他们推到了一个角落，并将他们锁在了旧的行为模式中，不允许他们做出改变，不让他们有改变的可能。

只为自己和自己的言行负责，而不为这些言行对他人造成的影响负责，这让我们有了新的反应模式，这种模式可能比我们习惯了的模式更有用。

任何因你的言行感到不安或受到伤害的人，都有权表达出来。这样你就能够对他们的表达做出反应，你可以说，这不是你的本意，并称，你只是说了对你而言很重要的话，并不想伤害他们。他们可以接受，也可以反驳。再说一次，他们接不接受你的话不是你的问题，也不是你能够控制的。

别人对你的言行做出的反应，对你产生的影响，这才是你的问题，你应该为你如何应对这一问题负责。换言之，“这个问题属于我吗”，这个问题，对你们双方都适用。在你的问题和他人的问题之前画一条“边界”，这能让你将能量用于你能够掌控的事物上，而不会让你将能量浪费在你不能控制的事物上，这样，你也就不会感到沮丧或失望了。

“边界”让各方都能关心自己能做什么来改变局面。虽然他们可能不喜欢自己所处的境地，他们也知道了自己应该怎么做，更重要的是，他们明白自己能够掌控什么，不能掌控什么。这个简单的事实，通常是无意中认识到的，却让整个局面更容易让人接受，因为“边界”能让人认清局面。

“边界”不仅能约束人的行为，还能够把不可预测的、无法掌控的问题，放在你的控制范围之内。让你明白，“边界”有利于减少我们的不安感和压力感。但更重要的是，它会让你找到问题的真正答案，而不会让你情绪化。

先问问自己“这个问题是属于我的吗”，这让你在做出反应前能够先思考一会儿。你可以利用这段时间快速做出判断，看看你所面临的这个问题，是否真的是因你的言行举止而起，或者是否和你有任何关系。如果答案是肯定的，那么这个问题就是一个问题，我们应当做出解释或回答——只是，当别人提出来时，我们就认为是别人在指责我们，容易做出反驳的行为。

但是，如果你认为这个问题不是指责你，也不需要你反驳，你只需要把你的想法再说一遍，那么，这个问题就不是你的了，别人相不相信你，对你的话有什么样的感受，这就是他们的问题了——而你无法解决。

这种情况下，无论你说什么、做什么，别人的感受不是你努力就能控制得了的。这完全取决于对方，他们会不会选择接受你之前所说的话，以及他们会怎样理解你的话，通常这都取决于他们的想法。所以，除非你想要被他人的想法控制，不然，我建议你不要一开始就把别人的问题当成自己的问题。如果他们必须扛着那个问题，就让他们去扛吧，但是不要把自己算进去了："这不是我的问题，这应该留给你们解决。除了我所能给予的帮助，其他的我什么也做不了。如果你不相信我，我接受并尊重这一点，对你的问题，我无能为力，我只能承认，我不能解决你的问题。我也不希望，你遇到无法解决的问题，但是，这才是生活，每个人都会遇到自己解决不了的问题。"

我还应该补充一句，如果你不愿意，没有人能让你做出什么行为，产生什么感受，这是你和他人交往的前提条件。在沟通渠道畅通无阻时，人们如果有机会在某个时间就此前提条件进行讨论，这是最好不过的。最好在进入长期关系之前讨论，如婚姻、民事同盟或合伙等。

正如我之前所说的那样，这里再强调一下：你们的关系建立在稳定的基础上，双方都认为，彼此都能提高对方对生活的满意程度，但是彼此的满意状态不是因为对方而产生的！如果你确实有这种创造生活满意程度的能力，那也是经过对方允许之后才有的效果——而且对方想要收回这种权力也是轻而易举的。

如果能够清醒地认识到这一简单的真理，并传递出这样的信息“我可以接受你的想法和做法，你想怎样就怎样，不过我不会买你的账，因为这是你的想法和做法”，那么你们的沟通可以更进一步，这当然也可能让你们的关系分崩离析。然而，无论如何，事情已经发生了，就永远无法避开。

夫妻关系出现问题时双方的“边界”

在处理夫妻之间的矛盾时，提醒他们关心“边界”，是一种能够将他们在过去所累积的问题一并解决的有效办法。通常，我们将许多令我们感到不满的事情“堆放”在一起，用痛苦将它们“卷”了起来，然后就开始对婚姻感到失望。先前所付出的，都只能强化我们的情绪，让我们对对方的态度变得更恶劣，结果只能进行心理咨询，将最近关系变僵的状况告诉心理医生。

根据他们的讲述，我了解到，他们对对方的期待让对方产生了他们不尊重对方的想法，对方认为，这就侵犯了自己做决定的权利。他们不同意对方的决定——他们好像强烈反对对方的决定，事实上，他们没有伴侣的决定和行动就无法生活下去，让他们了解这一事实，双方的问题就迎刃而解了。让他们认识到彼此存在的问题，并给它划定“边界”，这能让他们重新开始交流，前提是他们真的愿意化解矛盾。关键问题是，他们的交流不能偏题，不能牵涉到其他问题上去，即便那些问题看上去与他们争吵的问题相关。对话跑题会让问题再次变得复杂起来。

把许多问题放在一起，这意味着在我们心中，想赢仍然是信念的主导，这样，我们与配偶的交流也会受到阻碍。为什么？想赢的欲望其实是一种情绪需要，情绪有自己独特的表达方式，夫妻彼此相爱的时候，可能能够领会对方的情绪，但如果双方爆发了冲突，那就无法理解了。

在我之前用的两个相交的圆的图示里，阴影部分才是重心所在，我们需要重新界定。这个区域会给彼此带来什么样的影响，只能由双方承受。一旦他们做出的决定关乎对方的需要，彼此都需要坦诚相见，才能讨论这个决定对双方的影响。

这就为夫妻间更高效的交流奠定了基础，双方的问题是随着双方的关系逐渐深入而累积起来的，而且需要在“边界”的框架内进行讨论。“让我们只关注目前的问题”取代了以往长期重复不断的无果的争论。

我向闹僵的夫妻介绍“边界”的概念，从他们的反馈中，我发现，他们找到了能够区分不同问题的办法，而且面对问题深感无力这一点，让他们觉得可笑。他们对婚姻感到深深的失望，这通常是因为他们认为婚姻中的问题很多很复杂，缠绕在一起——他们发现找不到解决问题的头绪。

当他们发现，每个问题都可以自行单独讨论，而不用因为他们的伴侣的感觉而产生压力时，他们都感到轻松，感觉婚姻还有希望。他们可能会发现“我很重要，我能够说我想说的”，而不用为对方的感受而承担责任，这能够让他们不再用以往的习惯方式面对夫妻问题。

这可能是他们很久都没有享受过的感受了，因为他们本意虽好，但却错误地为他们伴侣的感受承担了责任。摆脱这种错误的观念也意味着能够自己做决定（例如，说“我现在不想谈论这个话题”），不可预见性 + 没有控制感 = 压力，这个公式放之四海而皆准。在婚姻关系中，你能做决定，就意味着你在实施掌控权，这会让你的压力感减少。夫妻关系紧张时，给你一点点掌控权，你的压力就会减轻不少。

“边界”的概念之所以有用，是因为它能让争吵的夫妻双方都远离已经出现的问题，重新审视自己，审视自己和对方的关系。他们可以抽空独自思考，并确认双方是否还有足够的爱意维持这段关系。如果他们仍然有“我爱你”的感觉，他们便能够决定继续这段关系，而如果“爱”变成了一个简单的字，那他们就可以决定分手。如果他们仍对彼此有感觉，那么他们可以重新界定“共享区域”的边界，以维持他们的亲密关系。

我无法否认，“边界焦点”也可能让夫妻中的一方受到巨大的挑战，尤其是其中一个仍然在独自神伤，而另一个却已经不再理会他们的问题，决定离开的时候，独自神伤的一方就会觉得不堪重负。感觉到痛苦、沮丧或其他情绪，这意味着他们无法接受理性的思考，这时候，理性思维可能会被视作无情，不受人欢迎。那我为什么还要提到这一点呢？因为，最终他们还是要理性地面对这个现实，即每个人只能为自己和自己的感受负责，只有自己能够处理自己所经历的伤痛。更重要的是，虽然听起来很无情，但我们真的无法帮他们减轻伤痛，他们的伤痛只能让它们慢慢愈合。

只要确定，你们与我的交流，只是你们心理咨询的开始，这种方法可以成为解决问题的更有力的工具，只看路标是不会让你抵达你想要去的地方的——路标只能够告诉你你将要去往的地方位于哪个方向，只要你努力，你便能抵达。

第11章

朋友关系中的边界：太远了孤独，太近了伤害

当我将“边界焦点”的思想适用于特定的情景时，我是以如下的想法为前提的：问题一般出在“区域”共享中。从某种程度上而言，问题如果跨过了“共享区域”的“边界”，结果就是不可预测的，就像不同的药物混在一起使用一样。认识并尊重 “边界”，能够让你停止侵犯他人的行为，因此也创造了可预见性的事态，这也是人的基本需求之一。

认识并尊重“边界”，本身不能解决所有冲突，但是这能够为各种问题画上各自的“边界”，因此，也为我们进行有效

的沟通提供了良好的前提条件。这正是我们找到解决方案的第一步。认识并尊重“边界”还能让争吵中的双方为自己的感受画上一条“边界”，让他们一次只解决一个问题，而不会因多种相互冲突的问题而感到不知所措。

为人父母

关于父母与孩子的关系，关心“边界”问题时，必须注意到这样一个事实：在孩子成长的最初阶段，双方的两个“圆圈”几乎是重叠在一起的。

然而，从很早的时候开始，小孩子们就想要知道“边界”是否存在。当他们开始探索周围的世界时，认识“边界”就是他们的目标。他们想要确定自己的位置，想知道什么是可以做的，什么是不可以做的，这只有在一系列“边界”范围之内才能够弄明白，无论是实际的边界，还是规则条件。这让他们明白了自己与附近的安全区域的距离，以及与整个环境的关系。作为成人，我们能够给予孩子很多帮助，即便那不是自己的孩子，也要让他们认识并了解“边界”，知道什么能做，什么不能做，也要告诉他们，能够去哪里探险，不能去哪里探险，等等。

父母们通常面对的难题是，孩子逐渐长大，他们不知道什么时候增加孩子的“圆圈”面积，并让他们逐渐独立。对年幼的孩子而言，“边界”是由父母对他们的安全和关爱的职责所决定的。随着孩子渐渐长大，父母的职责也发生了改变，父母最优先考虑的问题，逐渐变成了尊重孩子自己划定的“边界”。这开始于孩子的青少年时期，结束于他们组建自己的家庭，开始独立生活的时候。

为孩子确立“边界”时，我们的态度会温和，因为这样做似乎更容易，孩子不会太过恼怒，也不会与我们大吵大闹。你总是认为，孩子是“自由精神主义”的，什么对他们最好，他们最需要什么，他们比你更清楚。毕竟，这也是你试图培养的文化涵养的一个方面，你可能会认为“我的孩子可以自由成长，能够自由决定自己的心意”。

一旦你接受了这些想法，那就欢迎你再次拥抱这真实的世界。

孩子可能并不喜欢“边界”的规则和限制范围，但他们需要不断适应它们。

我们成人可能很不愿意承认，但是，知道“边界”的存在确实是一件令人快慰的事情。虽然它们限制了我们的自由，但它们却能够让我们对事件的发展做出预测和评估，减少我们的压力感。

随着孩子逐渐长大，我们要强制给他们设定并巩固“边界”，尤其是与年纪稍大的孩子或十几岁的青少年，交谈的时候，保持“边界”也是很重要的。通常，由于我们自己，或者我们让他们将与讨论的问题无关的话题插入我们的交谈之中，因此探讨问题就变成了争论和争吵。将不同的问题孤立起来，并为它们划定相应的“边界”，这更利于我们找到解决问题的办法。这种理念教导年幼的孩子们一次只关心一个问题，随着他们逐渐长大，这一观念也变得愈发重要，也让他们的世界变得更加简单纯粹。记住，青少年时代既是成长的时候，也是疑惑和矛盾频出的时候。简化问题和状况既能帮助作为成人的你，也能够让他们感到放松。

但是，不要期待他们马上就对你表示感激，他们对你设定的“边界”，可能要花更长的时间才能认同。即便你没有看到他们的欣赏感激，也要确信，孩子们喜欢“边界”，事实上，他们的成长正是因为“边界”的限制。给孩子设定恰如其分的“边界”，是他健康成长的关键。而前后矛盾的“边界”就和没有“边界”一样糟，让孩子们对自己在世界中的位置没有概念。

设定“边界”适用的法则也同样适用于你与孩子应该保持的“边界”。与孩子打交道时，你设定“边界”的范围，包括尊重孩子的“边界”，即孩子拥有的权益、隐私、决定权等。

当然，你很难眼睁睁地看着孩子去做你认为错误的事情。但对他们而言，这是他们想要去做的，无论你喜不喜欢。你总是有责任让他们避免受到生理上的伤害，尤其是年幼的小孩子，但要小心，不要扩大这种义务，尤其是当你将自己的希望寄托在孩子身上时。

很难接受吗？

是的，你希望孩子按你的要求去做，必须有合理的理由，因为孩子可能也同样希望，你按他们期待的那样生活——例如，缩减家庭开支，多给我一点零用钱——这个要求就像你主动给已经成人的孩子提建议一样合理。如果你此时给孩子提了建议和意见，不要期望他们会按你说的做。

在组合家庭中，认识到“边界”的存在非常有用。它让你和你的伴侣明白，哪些跨越了“边界”的问题可以协商解决，哪些不可以。你可以从一开始就声明，你的孩子和我的孩子究竟是什么意思。当你重组家庭时，你就要为所有的孩子设定“边界”，告诉他们什么是该做的，什么是不该做的。

这不仅能帮助划分彼此“边界”，还能够在关系开始的初期，就让双方明白，彼此意见肯定有不一致的地方，这比等着“边界”受到侵犯之后再做反应，更可取。

友情

我之前就提到过，你可能会认为，最安全的办法是给自己划出足够大的“空间”，完全与他人分隔开来，因为你每前进一步，就意味着增加了被人误会和侵犯“边界”的风险。这是毫无疑问的！

这就意味着我们要远离他人，不跟任何人建立亲密的关系吗？当然不是这样！再说一次，如果你认为那不是问题，那就不是问题。

让你具备“边界焦点”的观念，有两个目的：其一是让你知道两个人是怎样相遇并开启一段关系的；其二则是让你明白，在一段关系无法满足双方的需要时，你可以怎样做。

侵犯“边界”的行为通常不是有意做出的，而更多的是出于一种无知。有时候，过分随意地对待他人及其权利和要求，就会导致侵犯“边界”的行为，这是对他们个人及其权利的不尊重，可以说是“无视他们”。

虽然有了“边界”意识，能够让你从一开始就小心谨慎，让你在说话的时候更加审慎，但却不能让你避免情感关系中的难题。

在友情关系中，最难解的通常是，某些事情，我有这样的想法，也就认为对方和我的想法是一样的，这样就产生了误会。与夫妻关系一样，“边界”的范围和规则并不总是很清晰。然而，在亲密关系中，我们有更多的接触，而且也有更多的机会消除误解，但在友情关系中，因为我们与好朋友相处的时间并不太长，我们就没有那么多的机会了。

在友情关系中，相互争论的情况也比夫妻关系之中更少，因此我们通常会认为，朋友之间不会有吵架的时候。朋友间一旦有分歧，我们就会认为，这个问题不在于我，而在于对方，然后我们就会质疑我们友情的质量，有时候甚至会做出这样的结论：我们根本就不是朋友，然后就终止这段友情。

先忍住这种冲动。这是一种戏剧化的反应，是一种我们对失望做出的非理性反应。用你的理智应对问题，你可能会发现，你的朋友只是在彰显他们的个性而已。有了这个观念，你就会与过去一样，享受你们之间的友情。

提醒你自己，在这种状况下，你已经带着特定的想法，跨过了你和朋友之间的“边界”！无须让你的朋友为你的感受负责，也无须责备他们没有做出你希望看到的行为反应。这是他们的权利，即便你们是朋友，你也不能侵犯！

在这种情况下，设定并维持“边界”能够让你们的关系更加稳固。如果你确定了自己的位置，确定了你能够依靠和不能依靠的事物，明确了你的需要，最要紧的是，明白了你们自己应为各自的幸福负责，这样，你们就奠定了未来这段友情的基础。这也可能意味着，你能够决定走你自己的阳关大道，还有，即便你们做不成朋友，也可以各自安好。

第12章

边界模糊，让人不舒服

遇到问题，我们都可以用“边界焦点”去诊断，这样的态度能让我们认识到，每一个问题，每一种状况，每一个人和每一段关系都是与其他的事物不同的存在。这也让我们有机会，用不同的观点，去看待那些被普遍认为“失常”的问题，让我们采用不同的诊断手法。

作为个体，我们选择与这些个体建立联系，产生关系，无论是人、是人与人之间的关系、是人的想法，和人存在的问题，都是基于我们的经历、信仰和期待，而将它们联系起来的方式是让我们感到不适的原因，而且这是不可避免的。将这些事物联系起来，我们肯定要跨越“边界”——至少是没有看清“边界”。认识到“边界”的存在能让我们退一步，重新评估当前的状况，重新审视我们已经或将要做出的决定。

决定是这里的关键词，因为每一次决定都意味着我们在行使掌控权——这样的话，我们之前评定为不可预测的状况已经不再那么不可预测了。这个过程增加了我们的主观幸福感，因为这减少了我们大脑所感应到的威胁程度。“边界”的概念能帮我们做到这一点，因此，现在我们来看看，这个概念怎样应用到抑郁和群体性焦虑的状况中去。

抑郁

我先声明一点，抑郁可以成为一种严重的疾病。这不容我们忽视，而且面对它，我们总是需要专业的指导。我们有各种不同的抑郁症状，可以用各种不同的诊疗方法来对待。当事情杂乱无章地“堆叠”在一起时，我们可能会产生抑郁的感觉，可能会觉得没有头绪，好像不知要过多久才能找到解决问题的办法。以下所述的，适用于你感到抑郁，但仍然能够做决定的时候。

当然，抑郁是否能被诊断为一种疾病，我们很难确定，因为所有的疾病，都是由其症状与正常状态下的参数偏差来定义的，然而，正常与否是根据我们认为的“正常”，也即大部分人寻常的行为是否令我们感到满意来确定的。

例如，大部分年轻人都花大量的时间玩手机和电脑，这是我们相当不满的一种行为，因为我们已经知道或者能预测这种行为所产生的不利影响。但是，因为这种行为是他们“都在做”的，因此也可以被视为一种正常现象。虽然从正常的人类交流的角度来看，这是很讨厌的行为，甚至会干扰正常的交流，而我们现在却并没有将它定义为不正常行为。

同样地，我们现在所说的抑郁，好像是不正常的，但曾经，它被当作一种正常的特质。19 世纪，抑郁成了诗人所必需的一种特质。然而，到了 20 世纪，随着电视剧的出现（电视剧大多是幸福美满的结局，剧中的各家都完美解决了所有问题），我们的幸福观念也发生了改变。我们的生活，与电视或其他媒介推出的剧目情节上演的故事不一样，这就让我们认为，我们的生活是不幸福的，当你有了这种感受，你就会抑郁。

精神药品的发明和使用的增多（看一看那些制药公司的广告），也促进了抑郁症状范围的扩大。我们之前视为正常的现象，已经逐渐变成了一种疾病，这种不快的情绪现在可以用医疗手段诊疗了。虽然从主观的角度看，几年前这种不快情绪就已经产生了，但后来这种不快的情绪出现的频率增多了，他们也就更不愉快了。

这并不是说，他们只是更不愉快，而没有出现更严重的抑郁症状。我们的问题是，这些症状能不能通过早期的干预得到抑制。

抑郁的表现就像是警示灯，提醒我们需要采取措施找到问题的根源。问题拖延的时间越长，就会越糟糕，不然就没有理由出现抑郁的症状。如果你开车的时候注意到油箱没有足够的油，或散热器里没有足够的水了，你还会继续开车吗？你继续开车就是在冒险。

“边界”和“我”

“我有什么做得不够好吗？”这个问题的答案很简单：没有什么不好。有什么地方不好就意味着需要改变。对一个人而言，“我有什么不好”就意味着他们要想变得更好，就会改变自己。而“边界焦点”能给你提供一个不同的视角。

通常，一旦得了抑郁，不干预，这种症状就难以摆脱。“边界焦点”，让我们将抑郁的症状当作对大脑功能紊乱的提示，人的身体也会对大脑提供的线索做出反应，毕竟，它们属于同样的人体系统。如果你的腿累了，你就会坐下来休息，那如果你的大脑累了，你会怎么做？

我们不会因“边界焦点”而变成另一个人，“边界焦点”强调的是，面对挑战和问题时，你是有多种不同选择的。你可以将自己的所有问题一一分开，这项任务看似非常艰巨，但只要你这样去做，问题就会逐一得到解决。你无须改变自己，而是要改变你面对每个问题的方式。

通常，这是不容易的——这可能会让人感到不快，需要人做出牺牲或是重大的调整，因为问题可能很难理清。然而，理清问题是解决方案的一个部分。知道自己有选择解决问题的余地，那么整个状况就从难以忍受变成了可以控制。你不会感觉完全被压倒了，而是感觉自己坐在最顶端，能够挑选并扔掉所有不想要的碎屑。

我发现，将抑郁当成因所有的事物“突然”全部“堆积”到一起，而感到不堪重负的终极表现是很有用的。每一个单独的事件无疑是可以忍受的，但全部都堆在一起，似乎就让人无法忍受了。关心问题的“边界”，让我将每一个问题当作单独的、可以解决的问题，我一个一个地逐渐解决，这能让我感到轻松一点。我们没有必要一次解决多个问题。

通过“边界”将令人感到不堪重负的问题逐一分解之后，就成了“我”之外，而不是“我”之内的问题。这不是我要处理的问题，不是缠在我身上的，这让我和问题之间拉开了距离。我不会认为这些事物在“压迫”我，我现在可以拉开我与问题的距离，我有权决定这样做。

将一个问题当成是“外面”的，而不是“里面”的，这就是给了问题一个恰当的位置——这是你接受的，但却不会给你带来压迫，除非你允许它来“压迫”你。

焦虑

焦虑就是对某些可能已经发生或没发生的事情的恐惧和担心。这是我们在错误的环境下或错误的时间里，做出的正确反应。这个反应本身是不会错的，错的只是它发生的时间。试图摆脱焦虑就像是吞食物之前不咀嚼，这是不健康的行为。

按照上述类比，如果你嘴里没有食物，那就不用咀嚼。咀嚼这个动作没有什么问题，但如果嘴里没有食物，这个动作看起来就很奇怪，更像是在浪费能量。这与焦虑的功能表现也差不多：你根本没有什么可以焦虑担心的，那为什么还要开始“咀嚼”焦虑呢？

如果身体无法产生焦虑感，我们可能无法生存。我们需要恐惧感来提醒自己危险的存在。我们现在称为恐惧的情绪，不过是身体激活其能量资源，使其能够做出攻击或逃跑的反应。

焦虑会让我们遭遇我之前提到过的矛盾，即我们认为自己是人，因此也就是理性的动物。然而，焦虑感却是不理性的情绪，如果我们产生了这种情绪，我们的理智会随着恐惧的增加而减少。上万年理性大脑的进化——完全不见了！这似乎意味着，我们的动物本性多到自己都不愿意承认的程度。

情绪能让我们享受最大限度的幸福快乐，也能给我们造成阻碍，让我们感受到极大的失望，有时候这种失望情绪持续时间很短，很快就换成了焦虑。感受到焦虑时，这种刺激不仅会让我们对威胁做出反应，还会给我们带来麻烦——甚至危害到我们的生存。假设你遇到一个人，他急匆匆地向你走来，好像是来袭击你的，而他事实上是来把你遗失的钱包送还给你的。看到这样的状况，你可以估计一下，受到攻击的可能性有多大，并做最好的打算。相反，如果你做出自卫的行为，而对方又确实没有攻击你，那你就有麻烦了。如果你什么也不做，而又确实遇到了危险，你同样有麻烦。

这就是那些焦虑的人的处境。通常看似真正的威胁其实并不是什么威胁，而看似并没有危险的才是真正的危险。真是麻烦！

就像抑郁一样，大脑对威胁做出的反应没有任何问题。你的感受没有问题，不过是感受发生的时间的问题。去印度旅游，害怕老虎是很有用的，这会让我避免从车里跳出去给它一个大大的拥抱。然而，在我家里，这种恐惧就用不上了，我不用担心生存。

我焦虑的不一定是身体上的威胁，可能是对疾病或车祸的担忧。在极端情况下，焦虑意味着，你不能离开你的家，即便是在家里，你也要拉上窗帘，才会有安全感。

刚开始有恐惧感的时候，它让人收紧胸腔、呼吸困难，无法用眼神交流，而尽快摆脱恐惧感的想法不断折磨着当事人，越想要摆脱，越不能摆脱。毫无疑问，抑郁和沮丧总是伴随着焦虑感而来的。我们怎样才能知道焦虑感是什么时候产生的？

感受到焦虑的时候，我们能够怎么做呢？

在没有危险的时候误认为有危险，这种情况下的焦虑情绪，从本质上而言是在浪费能量，因为这时并没必要。焦虑的产生是由于身体释放出了压力荷尔蒙，让能量产生。呼吸从正常变成了又短又快的喘息，这就增加了血液中的氧含量。呼吸越短越快，受害者就越能感受到他们剧烈的心跳。我们可能会认为受害者心脏病发了，因为这两者的症状很相似。结果就是人会变得呼吸亢进，焦虑或恐慌过度，甚至失去意识。开始时，你所想象的威胁，到现在就变成了真的威胁。

当然，所发生的一切就是客观现实和主观想法之间的“边界”受到了侵犯。如果我们用“边界”来区分，我们就能够将客观现实和主观想法区别对待。我可以尽情放纵自己的恐惧感，就像放纵自己的幻想一样。问题在于，当威胁带来的恐惧还未变成焦虑时，我们就能够给恐惧画上一条清晰的“边界”，并且知道我们遭遇的并不是真正的威胁，但当恐惧变成了焦虑的时候，我们就不能这样做了。

如何应对焦虑

认识你的焦虑感是怎样产生的，是一个问题；怎样应对焦虑感，减少它的不利影响，又是一个问题。那么，你该怎么做呢？

我们需要明白，焦虑不是凭空产生的。受到攻击之前，我们先积蓄能量，这才导致了焦虑感的产生。如果你没有收到警示就焦虑担心了，这是因为你面对的事情非常重大，而你却未能有意识地理解，这才导致了恐惧反应。为了让你认识到这种诱因，阻止这种恐惧感继续扩张，我提供了一些策略，只要使用其中的一项或几项，就能帮助你控制住你的焦虑感。

首先，如果你的焦虑和恐惧事出有因，那么请先处理这个“源头”。了解你的恐惧缘由是很重要的，但屈服于这种情绪感觉并不总是对你有利的，甚至可能导致问题，因为受害者会只关注自己的焦虑情绪，让问题变得无法挽回。认识到焦虑产生的缘由，有时会让人更加胡思乱想，受害者通常认为自己无法控制自己的思想，这是一种令人惊恐的经历，原因如下：其一，谁愿意自己的思想被其他人或事物所控制呢？其二，正如之前所讨论的那样，对自己的思想没有掌控权会让我们产生压力。虽然思想不受自己控制听起来很令人惊恐，但我们的问题是，它真的不受我们控制吗？

这种感受来得很自然。最糟糕的经历就是同样的想法重复出现，同样主题的事件重复发生。但如果你自己不能控制自己的思想，那么谁控制了你的思想呢？

现在我们回到现实中来。根据可靠的证据和相关研究，我们的头脑中没有那样的小人在不断地按按钮、拉杠杆来控制你的思维。因此，我可以做出断定，控制你的思想的人，是你自己。

你可能已经忘了怎么控制了。就像一个大的空房间，如果你不走进去，别人就会走进去。这是对自然的简单观察得来的结果，不仅仅是人性。

将你的大脑当作一个非常乐于助人，但却有点过分热心的仆人吧。当你焦虑时，它观察到你的思想，因为你会遵从它提供给你的每一个想法，这想法就迫不及待地想要经过你的大脑，尽快刺激到它相应的部位。换言之，你越是遵从快速的思维模式，你的大脑就会越快想出新的想法，直到找得累了，简单地重复着全部的功能。特定的想法是与特定的思维模式联系在一起的，思维模式被激活时，同时会唤醒我们特定的感觉，而与这些特定感觉相伴的就是这些想法。这就形成了你的大脑所遵从的有害的排序，赫布的细胞结集理论称，两个一起活动的神经元，是相互联系在一起的。思想激活了感受，也同时激活了你已经确立的与这种模式相关的附加思想，激活了相关的神经元联系，结果就是“思想循环”。

记住，你产生的想法只是大脑的“神经元活动”。它们的活动内容没有外在表现，没有人能够仅仅看你一眼就知道你的想法。你的想法也不会对外部世界产生直接的影响。如果你不控制自己的思想，那它就只会对你产生影响，而不会影响到除你之外的其他人和事。如果你认识不到这一点，就想象自己赢得了下一次彩票，然后想象会发生什么……但你真的赢过吗？

首先，想法不会伤害你，因为它们只是想法而已。其次，如果你能够产生想法，你自然也可以阻止它们。

事实上，只有你才能够停止你大脑中的神经元活动。记住，你头脑中没有小人在按开关，操控你的思想和焦虑，也没有任何人和事物能够让你产生任何感受，做出任何行为。这一点对你的思想和其他的任何一切都是适用的。你经历的事，都是你自己让它发生的，也包括你的想法。

那么，当焦虑自然涌上心头时，你要怎样控制自己的想法呢？设想一下，一台开了多个程序的电脑，而你一次只能用一个程序，这并不意味着其他程序消失了，你可以将不用的最小化，隐藏在你正在使用的程序后面，但它们并没有停止运行，只是在后台运行而已。

你头脑中的思想也是如此：它们总是在你的脑海中，无论你是否注意到。你可以激活它们，并有意识地控制它们，你也可以将它们"最小化"，并把它们放在"屏幕"的底部，或者你头脑的"后台"。

虽然你并不总是关注每一种想法，但这些想法总是在活动着的。例如，如果你的配偶早上告诉说，下班回来的时候别忘了带牛奶回来，你可能一天中会多次想到这话，但不会整天都想着。你关注的重点是你的工作，而工作的内容却包含了多种不同的任务。

然后，你下了班，突然想起了牛奶。虽然这一天的大部分时候你都忽略了它，但这个想法一直在你大脑的"后台"，如果不是一直都在的话，你后来是怎么想到的呢？记忆能够帮你检索你头脑中保存的所有信息。如果我们真的忘记了，这就是说我们好像一点也不知道这个信息，而且后来也一直想不起来，删除了之前保存的信息。

虽然这听上去令人不解，但这只是说明了，任何时候产生的想法都只是大脑活动的一个部分，我们所注意到的只是活动，而不是整个活动记录。我们惯常称为遗忘的行为，其确切的表达方式，可能就是在特定的时候忘记了记住的一个事件吧。

你胡思乱想的时候，头脑中的“程序”是杂乱无章的，而正常的情况下，你会意识到头脑中的多个运行“程序”，而且你也很关心这些“程序”。不要为混乱的思绪而烦恼，控制好自己的思想，让大脑放松。只关注重要的想法，让其他的想法进入“后台运行”的模式，不要关注它们。最终，胡思乱想的东西自然会消失的，因为你的大脑对你认为不重要的事情不会有兴趣的，那自然不用管它们。

如果你认为这也太简单了，不可能是真的，想一想吧，你每一次与人打交道的时候都是这样。虽然你们可能站在一幅画，一栋建筑或者在一群人面前，但你只注意到你们的对话。在这种情况下，你不会关心背景环境中的一切，只有突然发生了什么特别的事情，你才会马上转开注意力。

同时，谈话的时候，我们也不能总是提背景环境，因为我们的谈话内容与之无关，所以，我们就会将背景环境中的一切

“最小化”。这就是我们的大脑同时处理不同信息的案例，我们一次只能有意识地处理一件事，但是无意识地会将其他的信息也保存起来，后来，它有可能突然出现在我们的意识之中。

有意识地处理和无意识地处理信息的不同之处，就在于注意力的区别。有意识地处理的信息，是我们大脑注意力的中心，但这并不意味着我们的大脑没有接收其他输入的信息。因此，控制你的思想，让大脑做自己的工作，你只要选择自己的关注重心，留意到你意识中消失和生出的其他想法，但不要太过关心它们。

注意：当你不再去想给你带来焦虑的事情时，千万不要告诉自己：我不想想这件事。你这样告诉自己的话，那你告诉你的大脑的信息是：当那种想法产生时，就遗忘吧。从逻辑上说，要大脑忘记某种想法，大脑首先还是要记住那种想法。这意味着它需要记住你命令它忘记的内容，因此你无疑就会一直记住它。

如果你不再去想给你带来焦虑的事情，只有转换你的关注点，或者告诉自己暂时丢开这个事，以后再处理，这样你就给自己一段特别的时间。这样，让你产生焦虑感的事情也会受到同样的遗忘（或最小化）过程，就像你要带回家的牛奶一样——进入车道的时候，你才想起来。

深呼吸

这里有一种能够控制你焦虑感的有效办法——深呼吸，不管怎样，你只要感受到焦虑感逐渐增加，就要马上使用这种办法。

呼吸亢进打破了体内氧气和二氧化碳微妙的平衡，这让人感到头晕目眩，导致轻度紧张，以及一系列其他令人感到不安的身体活动和感受，只有体内氧气和二氧化碳含量恢复了平衡，一切才会恢复正常。

一种防止二氧化碳积聚的办法是常规的横膈膜呼吸法，将气体吸入腹腔，然后慢慢呼出气体（详细解释见下文）。刚开始控制焦虑感的时候，你时时刻刻都要进行横膈膜呼吸，每次坐在办公桌前时就开始，给自己一个提示，要开始“深呼吸”了。

经常进行深呼吸，不仅确保了你的血液流通正常，还会提醒你留意自己的思想变化。

怎样处理他人的评价

我们与他人相处的时候总会产生焦虑感，甚至已经完全适应环境的人也会产生焦虑感。经常怀疑别人在观察我们，评判我们，有这种想法，虽然不会让我们感到软弱无力，但却让我们非常难受。总是怀疑别人评价自己还不够优秀，不够美貌动人，工作差劲，不过，情况真的如此吗？

感觉受到了不好的评价，是我们在没有可靠证据下的个人体验。我们成了自己想象中的受害者，认为自己总有缺陷。如果我们常常评价他人，我们也就认为，别人也经常评价我们。还记得之前我们所说的“你对他人的看法”这部分内容吗？

不要担心他人的想法，只要控制你自己，不要根据自己的判断随意评判他人，这是你能够控制的东西，其他人对你的看法则不是你能控制的。

我们害怕他人的评价还有另一层面的原因：对自己不够自信。我们可能觉得自己无足轻重，对自己的评价不如给别人的评价高。不过这里有个问题：如果你真的那么无能，那为什么别人还要来注意你，对你做出评价，经常提到你呢？这听起来很不合逻辑，不是吗？

这里有两种可能。

你可能对所有人和事都很认真，但你自己可能根本没意识到；你也可能认为无须感到局促不安，因为没有人会注意到你。这难道不轻松自在吗！

从现在开始，你可以自由做你想做的事，因为其他人可能根本不介意你做什么，或者，如果他们确实干涉了你的行为，你也可以不予理会。如果你真的比你愿意承认的对自己更为严格，我的问题是，你真的认为自己有那么重要吗？其他人除了关心你的一举一动、一言一行，就再没有别的事可做了吗？你可以自己回答这个问题，不过无论结果是什么，对那些只顾关注他人行为的人，你现在还会焦虑担心吗？

区别对待思想和情绪

我接待的病人总是抱怨，自己因烦恼的事而产生焦虑，感到困扰。再说一次，这是一种侵犯“边界”的行为，因为我们将两个不同的概念联系到了一起。

其一是理性的事实，其二是情绪反应。当我们将两者联系起来，并将它们视作统一体，那么，它就变成了所谓的焦虑的理由。将它们当作两种不同的事物，一种是事实，另一种是对事实做出的情绪反应，那我们就能够不受强有力的焦虑思想影响。

我可以保持理性，不动用情绪，深入思考所有的问题，甚至是我自己的死亡，例如怎样设计自己的葬礼，或写遗嘱——希望这不是我最后的遗嘱。我会用开玩笑的态度来对待这件事。然而，如果一天后，我的医生告诉我，如果我要读书，我最好读短篇故事，因为我的时间不多了，我对即将到来的死亡的超然态度很可能会消失，我就很容易变得情绪化。

这是正常的思想和“焦虑思想”的不同之处，它能让我们在不情绪化的情况下，思考任何想要思考的问题，而不感到心烦。

如果你想要做到理性地看待所有问题，就请记住这个差别。如果你想思考什么问题，就请深思熟虑，但因思考问题所产生的坏情绪，不要理会。“不要沉浸在坏情绪里”这个想法对你有益。当你控制好了情绪时，再去想一想，你处理问题的时候，自己为什么会产生这样的情绪。

无论你做什么，都请控制好自己。究竟是谁在负责一切？是你，那就请你对自己的思想负责吧！

愤怒和其他情绪管理

关于愤怒，我希望你能够控制自己的这种情绪，我遇到的许多病人都向我求助，希望我能帮他们找到合适的方法控制这种情绪，也可以称之为愤怒管理。

控制和管理有什么不同？控制和管理各能够产生什么影响？控制和管理是两种完全不同的概念，我们试图控制某事物，我们就是在排斥它，并且希望能够抑制住它。然而，管理某物则意味着，我们允许它存在，并试图重新规划它的使用或表达方式。我要讲的是管理情绪，而不是控制情绪。

所谓的“消极”情绪，是我们对与我们计划不符的事物做出的反应。它对我们有潜在的威胁，从本质上来说，我们有两种表达消极情绪的反应方式：带着悲伤和泪水撤退，或者是做出愤怒或其他激烈的行为。仔细观察，你就会发现，这两种方式是不同的，前者是我们所表达的情绪，后者是我们所做出的行为。结果就是，是情绪决定了我们的行为，还是我们因行为产生了情绪，我们总是搞不清楚，正如我们在第一部分里讨论情绪时所说的那样。

为了了解我们有多容易将行为和行为背后的情绪弄混淆，就以试图拆房子的人为例来说明吧。有人在拆房子，你观察过他们吗，你认为他们是在生气，还是在工作？他们在做破坏性的工作，那么他们在做的时候就不生气吗？他们可能刚刚和老板吵了一架，正以强烈破坏房子的行为发泄怒火。如果他们确实以这种行为发泄怒火，那这种行为就将他们的合法工作变成犯罪了吗？显然，决定了毁坏房子究竟是非法活动，还是拆除工作的一个部分，要视当时的环境而定，不能只凭他表达的情绪就判定他的行为。

我们知道，不同的人对同样的事有不同的看法。有的人认为刚强的行为，有的人却称之为冷血。软弱、愤怒或悲伤同样也能被视作别的情绪。我们对一个人了解越多，就能对他们的行为做出越多的诠释，而那些刚刚认识的人，我们就无法给出太多的评价。

你还可以想一想一位大哭的孩子，他是因为伤心还是失望而哭？他们是受到了伤害，还是只是想要拥抱？他们是生气，还是害怕，或只是累了？即便你对事发的状况了解得更多，你也无法确定，孩子的哭是不是由于以上的理由而起的（例如，失望可能是因为累了的时候找不到妈妈）。这个例子说明了我们多么容易给人贴上错误的情绪标签。

当我们感受到特定的情绪时，我们用自己的评判标准来判断别人的感受，判断别人做出的行为，而这也引导出我们的反应模式，例如，你的配偶认为你们只是在交流，但你却认为你们是在争吵。

那么，我们所称的管理愤怒究竟是什么意思？愤怒情绪是我们对周遭状况变化（一种声音的出现，一次事件的发生，或甚至是没有发生我们所预期的事）做出的反应，是我们主观感受到的情绪的一个方面。如果有了这种情绪，我们所经历的显然不是令人开心的事，不然我们就会感到快乐和满足。我们“原始”的大脑将愤怒情绪当作威胁，当出现这种情绪时，我们大脑里的“开关”打开了，我们感受到了能量涌出。

这种“能量”就是我们经历的“愤怒”（事实上，这可能是任何一种情绪）。它让我们的愤怒之情喷薄而出，我们也会将它归纳为“攻击”反应。结果，我们就会“攻击”某物，或与某人产生肢体冲突，后果都是一样的。被压抑的肾上腺素通过捶打、蹦跳和吼叫发泄出来，我们就好像轻松了。然而，这种轻松状态很短暂，持续到我们处理行为所产生的后果时，我们就会为之前做过的愚蠢行为感到后悔，并告诉自己，我们本来不想这样做的，以后不会再犯。

我们之前讨论过，情绪与我们大脑中的生存机制相关，如果不加处理，它们就会超过理智。当我们对已知或潜在的威胁做出反应时，我们使用的仍然是大脑的“底部”。我们后来培养出了思维能力，能够冷静地考虑我们的行为选择，使用这种能力也是我们处理事情时选择的结果，我们也一直认为，人是最“理性”的生物。

事实上，你情绪越激动，你的行为就越不理智。

还记得如下的这个示图吗？

将这个图当作你的能量分配示意图。你催动情绪所使用的能量越多，你用于理性思考的能量就越少。

就边缘系统而言，你感觉到生存受到威胁时，其他的一切就都不重要了。当你认为或感觉到自己受到攻击时，其他的一切都不再重要了，正如，如果你都活不下去，那为什么还要担心最新的催税单呢?

因为我们自认是理性的动物，所以事后我们总会为我们的感受和随后的行为找一个解释、一个借口。回顾那些听起来不够理性的往事，我们通常会为当时的行为找借口。然而，对当事人而言，如果只为当时的情绪化行为找的借口，就没有任何意义。

这个“借口”对那些受到你恼怒影响的人而言可真是痛苦，他们认为你只是在找借口（你确实是这么想的），而且什么也改变不了。除非你认识到恼怒对自己和他人产生的不利影响，这才能让你找到不一样的释放情绪的正确方式。

管理情绪

以上文段要讨论的是管理愤怒，但最后却都变成了解释愤怒情绪，即情绪能量的释放了。将愤怒重新命名为“能量”，你也就能够找到最好的释放这种能量的办法，而不仅仅只是做徒劳无功的行为去释放这种能量。

告诉你“控制你的愤怒”，这就像是潜水的时候让你呼吸一样。但是，如果让你管理你的能量，你会怎么做呢?你会突然发泄一通，还是用其他的可控的方式实施呢?是毁掉还是创造某物呢?是发泄脾气还是思考解决办法呢?

“管理情绪”只是要求你“管理能量”的另一种表达方

式——只不过后者对我们更有帮助。怎样去释放自己的情绪能量呢？从生理学角度而言，你可以去跑跑步或做其他的体力活动：在花园里挖土，可能比敲碎别的物体，或与别人争论更有效。你发泄任何情绪的时候都可以用这种方式，发泄完后，你还会找到解决你所面临的问题的办法。问问你自己，你怎样才能最快地释放这种能量，而不是发泄这种能量所产生的情绪。

太过计较自己所说所做过的一切（这些已经让你感受到烦恼了），只会增加你的能量指数，让你做出“愤怒”的反应，尤其是如果这是你惯常的反应模式的话。我们也可以运用已经学会了的行为模式，例如，别人并没有侵犯我们，只是希望我们怎样做，来改变你的想法。将你的感受当作一股能量去释放，这可能会提醒你，不要让攻击的行为打扰了自己的平静生活。

当你不带任何偏见地认识了这种“能量”，你可能会发现，生活中的压力源比你之前观察到的要多得多，可能包括经济压力、工作危机、夫妻关系问题……上述这些问题中的任何一个或几个，都能够让你释放多余的肾上腺素，让你感受到愤怒。与心理医生聊天能够让你发现这些未发现的问题，并让你重视这些问题。

将愤怒的情绪感受看作是能量的释放，能让你转移注意力，不去关心能量的激增。因为我们都试图为我们的感受找到理由（大脑总是试图创造可预见性的事物），所以，如果我们的生活中有什么不满意的，我们总会找到一个理由：孩子太吵了；

你的伴侣没有做你希望他做的事；车还没有发动等等。

如果我们没法做体力活动，那就花一点时间深呼吸一下。腹式呼吸是目前为止最有效、用时最短的放松方式（见下文）。我将愤怒看作是氧气过度供应，因为氧气代表着能量（想一想你举重前或运动员在比赛前的深呼吸），氧气越少，你能获取的能量就越少。虽然从生理学上而言并非这么简单，但这就意味着，你释放的肾上腺素的量达到峰值时，你的呼吸就会亢进。

慢性痛管理

一遇到问题，我们就说“整个头都痛”，因此我必须声明，疼痛的确实是我们的头，然而却是由身体其他部分的病痛而起的。下文提及的痛苦管理，指的是慢性疼痛。

头痛其实是一种幻觉痛。截肢之后，人仍然能感受到剧烈的疼痛和肢体的不适，因为与被截断部分的神经元联系仍然在大脑中。

“边界”也能帮我们进行疼痛管理，让我们关注疼痛，而不是试图避免疼痛。关心疼痛感的源头、位置和深度，我们就能够给疼痛点画上一个“隐形”的“边界”，在这条界线的范围内，你能够观察到疼痛感的变化以及不同时候的痛感深度（而不是疼痛本身）。

你可以与你的痛苦发展一段“关系”，虽然这听起来很奇怪，就像与你熟悉但却不太喜欢的人建立关系一样，但对待它的态度应相当友好。然后，你才能与你的痛苦进行一番“交流”，和它一起去散步或喝咖啡，不管你是去做什么，都要将它留在脑海中的某个地方，控制它。不要让它将你包围住，而是要将它限定在它的“边界”范围之内，处理掉它，而不要试图攻击它。

不要将你的痛苦“内在化”，将它视作你之外的一个问题，而不要通过“痛”来证明你的存在。

免遭疼痛的愿望可能在疼痛这种神经冲动的体验中扮演着重要的角色，但也阻碍了我们“与它一起生活”的能力。“与疼痛一起生活”的能力需要我们接受疼痛不会消失这种现实。从另一方面来说，接受疼痛也让你能够进行下一步的工作——让它变得可以管理，而不是屈服于它。

慢性疼痛通常意味着受害者的生活都会饱受痛苦折磨，他们开始与这种疼痛做斗争，看看没有这种疼痛，自己还能不能活着。然而，我们总会遇到痛苦减少的时候，甚至是完全遗忘了痛苦的时候。在大多数情况下，当我们关注了更为有趣的事件时，我们就会“忘记”疼痛。

思考如下的场景。假设你因为自己或他人的粗心大意而被严重烧伤。伴随着痛感的是什么情绪？恼怒？失望？还是后悔？与之形成对比的是，你坐在车上，车突然起火，你开车过来救你的孩子——或任何其他人——这可能会让你烧伤。你会怎样看待你受的伤呢？你会因救了他们而感到轻松甚至满足吗？还是很自豪，因为你并没有因危险而胆怯？

这就引出了痛苦和折磨的区别。你受情绪的感染越深，你的受折磨程度就越深。许多调查研究表明，在痛苦的时候发泄情绪，你就将痛苦变成了折磨。

现在，你应该知道为什么会这样了。情绪是非理性的，变化无常的，而且情绪激动的时候，我们通常是没有时间观念和场合观念的。因此，我们的右脑感受情绪的时候，总认为情绪是无穷无尽的。将情绪系于痛苦的经历上，就意味着这痛苦的经历也是“无边无际”的，你也越发难以忍受。

结论：虽然“痛”是无法避免的，但“痛”能否给你带来折磨却是你能够选择的。

依靠药物，大部分情况下你只能获得短暂的轻松感，而且还让你有嗜药成瘾的危险，用你的头脑来改变，头脑神经的可塑性能让你感受到更长久、更强的轻松感。

对身体的任何部位而言，古老的谚语“非用即废”都能适用。痛的时候，我们都想要保护伤口，我们使用受伤的部分次数就会越来越少，最终会完全弃之不用，肌肉会日渐萎缩，肌腱也会越来越紧张，一旦需要动时都会更痛。与此同时，脑部联系受伤部分的神经元回路组织也会随着使用频率减少而枯萎，由于病患不去使用痛的地方，康复的可能性也越来越小。

痛的地方不使用，你就会认为这个部分“残疾”了，并不再使用，这意味着你现在对身体有了一种新的控制权。与其把注意力集中在这个部位的痛上，不如去扩大你痛的部分能做的事情的范畴。每一次痛的部分机能的微量增加，都意味着你对这个部分的控制力越大。记住“最小可识别差”——就像是腿部受伤，你可能不会马上注意到受伤部分的恢复，但当你经常按摩你的膝盖，然后是脚趾头，慢慢地，你就能捡地上的东西了，这样你就会发现，你现在又能够控制自己的腿部了。但每次按摩的时候都要轻柔。

从我自己的个人经历中，我已经知道，痛是什么感觉，痛把我困住又是什么感觉，从“受害者”心态变成接受这种痛把我困住的心态是很难的，除非你允许它把你困住，让它逐渐毁掉你的生活。

就称之为主动接受好了，这意味着你选择接受痛，而不是选择消极逃避，选择接受，你就是在实施控制权，而且你会明白，你越能控制自己，能感受到的压力感就越少。

不要将这话当成控制“慢性疼痛”的终极指导，而要当作是让你不将痛苦和折磨画等号的鼓励。要成功缓解疼痛，你必须将我的这些建议跟其他的治疗手段相结合。控制好自己，静下心来，慢慢深呼吸，集中注意力，循序渐进地开始常规体能训练，然后你也会慢慢地开始改善，这是你恢复的过程，或称疼痛管理的过程。

第13章

所谓人际高手，就是懂得建立边界、尊重边界

我相信，到现在为止，如果你接受了“你无法控制自身之外的任何事物”这一事实，你就会明白其影响力有多深远。接下来的这一步将不再那么重要，因为这是那个前提条件的逻辑延伸。人们都追求幸福，然而找寻几乎没有什么意义，因为它无处可寻。

人们说幸福其实是一种心态，这是很有道理的。它不是一次事件，也不是一种感受，而是一种对生活的满足感。想象如下情景：有一个我们认为幸福的人，你随时问他“你现在幸福

吗？”得到的回答很可能是一阵沉默。回答这个问题为什么会沉默，因为这个“幸福”的人可能正考虑你提问时自己的感受，也可能是想不到他们应该感到幸福的理由。

然而，懂得“边界焦点”的人，如果你问他们对生活是否满意，他们可能会毫无疑问地回答是。事实上，保持“边界焦点”，就不会试图去识别和定义幸福，不会去问该怎样获得幸福。“边界焦点”的想法与积极乐观的哲学原则很相符，并且鼓励人在“边界”范围内追寻幸福，而不是在幸福的源头之外寻找。

在这个世界上，除了从物质或完满的情感关系中寻找幸福的想法是错误的之外，在保持自己的完整性的道路上，还有以下两个“陷阱”。遭遇高手和极端状况总是有风险的。虽然我很愿意承担风险，但面对诱惑，我们必须小心谨慎（你可以说，情绪也是用来调和理智的），我也会将以下两个“陷阱”称作让人感到悲伤、紧张、焦虑的缘由。

童年时的行为模式没有“边界”

为了搞清楚为什么这是个“陷阱”，让我快速地补充说明一下大脑活动，并重申幼年经历的重要性。

幼年期大脑的根基，已经由人幼年的经历和任何增强大脑惯常的反应模式的事件奠定好了，能帮助孩子认识世界，培养梦想和目标。最终，孩子体验经历的反应模式就形成了我们所认为的人的性格或处事的习惯模式。

神经的可塑性让我们能够通过意志、见识，或者通过行动前的思考来改变惯常的行为模式。然而，随着年龄增长，面对的压力也增大了，我们就不知道该怎样处理，然后就会选用我们认为早就被抛弃了的惯常的行为模式（你愿意的话也可以称之为习惯），即便是过了很长一段时间，大脑似乎也没有忘记这些根深蒂固的行为模式。

人的行为模式，最基本的是要遵循“边界”。人在孩童时代，行为模式是没有“边界”的，如果重新体会到了童年时特定场景的那种情绪，虽然已经成年，而且遭遇的境况也不同了，我们的反应模式还和童年时一样。回归童年的行为模式，是指回归到没有“边界”的模式，孩子的情绪经历是与特定的场景相关的，且局限于该特定的场景，所以说，这是个“陷阱”。

模糊的“边界”

回归到婴孩时的行为模式的另一个理由是，从孩提时候起，“边界”的定义就很模糊，即便是有，维护得也不好。孩子知道父亲生气了，不是因为发生了特定的事情，也不是因为有什么事没有按计划进行，而是因为父亲总是不知何故就生气。这种情况下，如果小孩子认为自己就是让父亲恼怒的理由，那么这就更令他无法忍受。这件事对孩子的影响，与我们所知道创伤后的应激反应，和对令人不安的事件反复出现或随时可能重现感到不安的反应是一样的。这就会给孩子造成这样的影响：即使是小事件，都会引起孩子的情绪爆发，情绪爆发的程度甚至超过事件本身。这样的影响会一直跟随孩子。

我们经常听到成人讲，如果再经历一次某事，将会怎样去做，不会再犯什么错误。一旦因为某事与人发生争论，他们就会用过去的错误中吸取的教训来解释，并说明，什么人在什么时候说过什么，说了多少次。这种话你听得多吗？说这种话，是因为他们无法在过去的事情周围画一条“边界”，去着力解决目前的问题。

从幼年时起，我们就试图弄明白事情的因果联系，这样我们才能够展望未来。而这样做也能让我们对自己小世界的发展做出预测，这样我们才会更安全。而婴孩是不知道自己是否安全的，他只能够玩耍，探索周围的环境，并确定自己在这个小世界里的位置。即使预测到接下来发生的状况对他不利，他也会去完成，只是会采取预防措施，如藏身在被子或床下，让别人看不到自己——他认为这样才更安全。

杏仁体不仅仅简单，还没有现实观念。被激活时，它就会高速运转，并做出一系列的反应，让人体系统变得警惕，并做好准备。威胁是真实的还是潜在的这不重要，一旦杏仁体被激活了，那么威胁就是真的了。

我们知道恐怖电影的剧情并不是真实的，看恐怖电影的时候，为什么杏仁体还是会受到刺激呢？现在我们存活不只是为了“生存繁衍”了，在这个发达的世界中，我们现在可以奢侈地追求更多的目标，例如减少我们的高尔夫差点（球手的平均杆数和标准杆数的差距），学会打高尔夫，周末去跳舞等等，我们开车不仅仅是为了接送，还为了娱乐方便。工作不再只是为了生存需要，我们可以从中体会到乐趣，而且不只是为了食物才去工作，而是为了许多与生存无关的事物。

但是，要记住，我们做出“必须”拥有什么的决定，是由右脑主管的。我们现在应对的是不理智的“婴孩”，它总是不想听到“不”这个词，总是想要获得它所能获得的一切，如果侥幸能够成功的话。更重要的是，它一点也不“考虑”后果。我说的并不是十几岁的少年，而是你的右脑！

我们虽然已经不再是十几岁的少年了，但这种行为是我们天生就有的。感受到某种欲望，与按这种欲望行事之间的差别就在于，我们通过痛苦的经历，领受到了教训，即愿望是可以有的，但追求梦想、收获梦想却并不简单，而这也反过来影响了我们的行为。这个过程不限任何年龄段的人，小孩和成人都会经历这样的过程。然而，同样地，我们也试图控制我们的欲望和冲动行为，这也是人与其他动物的不同之处。

根据我们的右脑所知，我们所想要的就是我们需要的。到此为止吧！只要是我们右脑想要的，就没有什么是不值一提的，右脑就像一个孩子，什么都想要。判断事情是不是重要，要看事情对我们的价值。我们将事件发生的状况和周遭的环境进行考虑，然后再做出理性的决定，是重要还是不重要。对事件的不同理解，也解释了为什么不同的人对同样的事件会做出不同的反应。一场糟糕的球赛会让忠实的球迷感到兴味索然，但对理性的解说者而言，这只是需要冷静分析和评论的材料。

认识“边界焦点”只是第一步，如果你按“边界焦点”的准则去做能感到安心，而且实施也并不麻烦的话，你就成功了！然而，如果你发现很难，有时候甚至找不到“边界”或无法分辨“边界”，你又搞不清为什么会找不到或无法分辨，这时候，你可以和其他人沟通，如一名辅导员或心理医生，或者是能够帮你确立并维持“边界”的人。然而，虽然你可能在认知层面上准备好了，但只有你认为这些“边界”的确立能让你感到安心时，你才能够更深入地了解自己，并找到那些让你无法接受“边界”的事物。

第14章

有边界才会让人际交往更健康、更舒服

我们的记忆库中，总有让我们产生内疚、仇恨、恼怒或任何其他消极情绪的记忆，怎样才能摆脱这些记忆的纠缠呢？

我提醒你，无论我们做什么，我们依靠的都是身体提供的能量。这些能量让我们做出了一系列行为，然后这些行为就被“贴上”了导致这些行为的情绪“标签”。

由于情绪的表达方式千差万别，因此，愤怒在一种情况下可能是被激烈地爆发出来，而在另一种情况下则可能表现为令人伤心的绝望。任何情绪的铺垫，其实都是一种让能量“集聚”

的生理过程。如果能量累积起来，我们有两种选择：其一是释放出来，其二是自己消化，这意味着你最终需要依靠他人或自己来化解这些能量。

我们抵抗抑郁的第一道防线不是药物治疗，而是体力活动（如击鼓），这并不是巧合。调动身体系统的动作，将内在的能量释放出来才是最佳的防线。研究表明，治疗抑郁症，心理干预疗法远比药物治疗的效果要好，而且在帮助病人管理自己的抑郁情绪方面，有更长久的疗效。

我之所以说“体力活动”，而不是“运动”，理由之一就是为了强调我们的目标不是减肥保持健康，这些不过是“副产品”。重要的是，在至少中等强度的体力活动中，我们的身体会释放出内啡肽。这是让身体感觉良好的化学产物，是一种类似鸦片的衍生物，能抑制我们的痛感。伴随着肾上腺素、血清素和多巴胺的释放，我们产生了良好的感觉，在这些激素的共同作用下，内啡肽变成了一种强效的抗抑郁剂。如果你感觉自己位于世界巅峰之上，那你就得好好感谢一下这些激素。

用“体力活动”的另一个理由，则与我们听到“运动”产生的压力感有关，正如“我应该多做些运动”和“这是为你好”所产生的效应一样。大家都知道，我们认为好的行为通常都难以做到，或者让我们花费太高代价，或者是我们不能做的。因此，选择你认为合适的或者最喜欢的活动，可以是慢跑、快步走、长跑、骑自行车、游泳、划皮艇、拳击——无论什么都可以。如果实在想不到什么，就选择你以前最感兴趣的一种活动。逐渐摆脱掉厌恶情绪，以及担心受到伤害的恐惧感（前英国首相丘吉尔就曾说过“运动等于自杀”），逐渐养成定时做这种活动的习惯。

如果你对体力活动不感兴趣，那下面的办法可能会吸引你的注意。留时间独处，这期间你不用与他人交谈，没有电话要回，也没有人需要你照顾，没有人向你提问。你可以做梦、思考、想象（我总是准备好去买彩票），做任何你想做的事，如划船或者让你的双脚不停歇的事。

坚持一段时间，你就离不开这样的活动了。让这种行为成为你的习惯，每次至少做 45 分钟，当然，1 小时更好（我至少需要这么长时间来花完我在想象中买彩票赢的钱），如果你能抽这个空出来的话。如果你是一位忙碌的母亲，就自己抽出时间来，请保姆，找你的丈夫、母亲、婆婆或朋友帮忙照顾孩子。不要找借口不做活动，而是想方设法抽时间活动。（想一想“想要”，而不是“应该”）为了保持兴趣，你可以在不同的时间选择不同的活动。等级划分可以从 0 到 10，你只要做到 6~8 分就可以了。

通过想象发泄情绪

除了释放让你感觉良好的内啡肽之外，你还可以选择处理焦虑情绪。你可以生气，并在心中策划报复行动，或者其他坏主意，不过这些都是你想象的。

为什么突然发泄情绪又是好事了？情绪等于能量，你逐渐积累情绪（能量值），同时通过体力活动和其他方式释放出来，这让你的大脑（左脑）能够自由地进行思考，而免遭情绪干扰。事实上，如果你确定了日常的活动习惯，你就可以在事发时告诉自己，你现在没有时间生气焦虑，并决定“今晚我跑步的时候再去想这个恼人的问题”。这是一条很有用的策略，能帮你平复心情，冷静思考，重要的是，让你选择合适的时间去思考。毕竟，这是谁的主场？当你高兴的时候，你就可以思考，而不是你的想法去思考。坚定你的立场！

如果你在回家放松之前就做活动——我是说，刚下班就开始活动——附加的利益就是，你将这一天积累的压力都释放在家外面了，当你再回去的时候，你就真的到家了，放松了！现在你可以休息，和孩子们玩耍，和你的配偶聊天，并处理任何你必须不受“打扰”完成的事。（你不再需要那些能量了）

回家之前做体力活动，也是避免回家发生冲突的好办法，而冲突也是因为“压力”堆积而发起的——这种压力是一天的劳作所积累起来的情绪能量所带来的。通过体力活动释放出压力，就能让你不对家庭成员发脾气。

深呼吸

听到他人说你的坏话，就很生气，就要揍那个讲坏话的人，这种状况你遇到得多吗？现在我要告诉你，没有必要为这事烦恼生气，你只需要做好——深呼吸，控制住自己，不去攻击那个说坏话的人。深呼吸就和上文所说的体力活动一样，可以有效控制你的情绪，做到这点你甚至不用离开自己的座位。

第一部分里，我们知道了我们在感知到威胁之后，能量是如何积聚的。首先，我们改变了自己的呼吸频率，因为这为我们提供了必需的氧气，进而诱导出我们身体的一系列改变，如血压和心率增加等。可以简单地说，我们吸入的氧气越多，身体产生的能量也越多。这也许可以解释，举重运动员举重时，总是先“深吸一口气”，再“默念到 10”，这样做，既增加了身体能量，又能减少紧张感。由于你吸入了更多氧气，你体内的氧含量就提高了，因此数到 10 时，你就已经做好了充分的准备去做应做的事。那我为什么说，深呼吸能够让你冷静下来呢？

被野狗追得累了，你会因为疲惫而躺下休息吗？肯定不会。你只有确定安全了才会去休息。遇到威胁的时候，你肯定会逃离，这样就提高了呼吸频率，直到威胁解除为止。如果不跑，那你就没命了。只有到了安全的地方，或者到了温暖的家里，得到了家人的保护，你才会放松下来。（正常）睡觉的时候，我们的呼吸方式就从胸式呼吸变成了腹式呼吸，这样也就减少了体内的氧气含量，因为缓慢的呼吸能帮身体系统重新确定氧气和二氧化碳之间的平衡，氧气越少就意味着供给的能量越少——改变呼吸频率，你就能放松下来了。这不是魔术，而是你的生理机能在起作用。

因为睡觉的时候是用的腹式呼吸，这也就向大脑传递了“你是安全的”的信息，否则，你就睡不着了。因此，如果你没有危险，那就没必要释放压力荷尔蒙，那么，大脑就会停止释放肾上腺素和皮质醇。深呼吸时，由于身体系统中的氧含量降低了，身体系统的运作也就放缓了，而你也会觉得更轻松。

养成每天做几次腹式呼吸的习惯——例如，每次坐在办公桌前时，去倒水喝时，或是坐下来准备用餐时——这样能让你释放累积起来了的肾上腺素，帮你摆脱它的影响，而不会让你因为肾上腺素累积得越来越多而产生紧张感。你会发现，你的双肩放松下来了，你会恢复平静，接着你就可以继续正常的工作了。

效果如下：我们不控制它，“压力”就会越积越多，让我们愈发难以恢复平静。

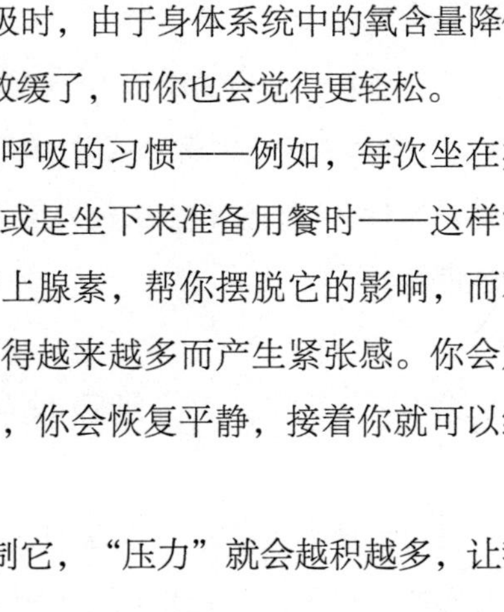

采用腹式呼吸后，这就减少了压力感的“堆积”：

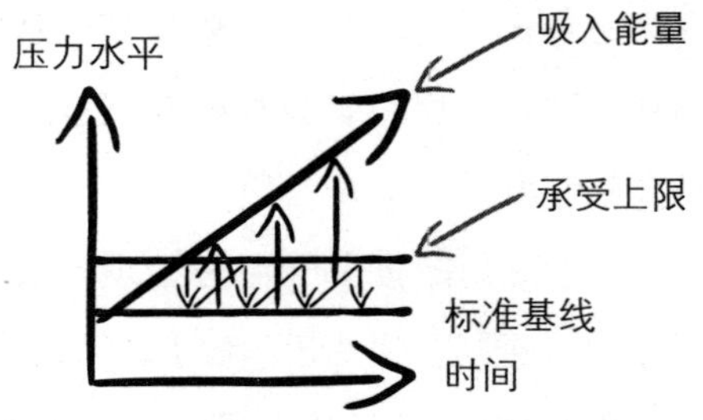

如图所示，让你的压力水平上升的因素没有变，采用腹式呼吸后，你体内的压力就分散了，没有堆积，没有超过压力上限。这也是为什么有时候看上去压力重重，但我们却不认为难以承受的理由。

呼吸训练

你可能遇到过各种各样的呼吸训练，但其本质都是帮你放缓呼吸的，然而，我是这样设计呼吸训练的：

将一只手放在腹部，并施加一点压力，挤掉腹中的空气，以此来提醒你，当你呼吸的时候，你想让氧气进入腹腔。将另一只手放在胸部，通过鼻子呼吸的时候，感受着空气进入鼻孔，然后进入气管。现在，随着你吸入的气体进入腹腔，感受你腹部肌肉的运动。腹部鼓起来，你的手抬高了一点，但你放在胸部的手却并没有抬高。

慢慢地（这一点很重要！），通过你的鼻子呼出气体，速度约为你吸入时的一半。随着你呼出，腹部的肌肉也放松了，然后再次吸入气体，让它顺着鼻腔进入体内。然后，只要你愿意，只要你有时间，就不断重复这样呼吸。

呼吸的节奏是按腹部的起伏来的，而不是胸部的起伏。如果你发现这很难做到，那就在睡前做吧。平躺着做更容易（记住，这也是你熟睡时的呼吸方式）。训练时或训练后入睡也能确保你很放松，而不是很累。

感觉疲倦的时候，开车的时候，或者做需要你全神贯注的事时，不要这样呼吸，因为你可能会睡着的。其他的时候，你可以想做就做。这能帮你控制你的激动或紧张感，因此也是“愤怒管理”或“能量管理”的一种有效方式。

养成好的睡眠习惯

你可能会辩称，睡眠与“边界”一点关系也没有。但事实上，没有足够的睡眠，我们很难进行理性的思考，而且也很难实现自己良好的目标或意图。不要学温斯顿·丘吉尔先生，据称他每晚只睡 4 个小时，而且也一直在与自己的“黑狗”（这是他对抑郁症的昵称）做斗争。

睡眠这里是指深睡眠状态，包括你做梦眼球快速转动的时候。这时候，边缘系统里的海马体，也就是我们储存短期记忆的地方，就会清理大脑里的“随机存储记忆”（计算机术语）。研究表明，如果你没有深睡眠状态，你就没有足够的时间来“清理”这些记忆，那你醒来仍然会觉得疲惫。这样你就很难接收新的信息，做事的时候也难以专注。

如果早上醒来仍然觉得累，那你就没睡够。不要只看时间长短，而要确保睡眠的质量。这就意味着，睡觉时要经历快速眼动睡眠的四个阶段——如果你没有睡够，最后一个显然就错过了。闹钟响过之后，你就努力控制住睡意，慢慢醒来，虽然“迟了”一点，但感觉非常舒爽，你有过这样的时候吗？你应该早点儿去睡，将这个时间也用在睡觉上。

不用说，白天夜晚交替工作，就会形成不健康的睡眠习惯。事实上，很多问题的根源就是因为这种不健康的睡眠习惯，包括心理健康问题和人际关系问题。这个工作是无可避免的，你不得不这样去做，不过，重要的是，你要降低不健康的睡眠习惯的风险。

如果你想跟你的医生或心理咨询师沟通，他们可能会建议你好好睡一晚。虽然听起来没有什么道理，但有些问题确实是不好的睡眠习惯导致的，好在我们可以养成良好的睡眠卫生习惯，来学习怎样好好睡觉，这对那些有不好睡眠习惯的人尤为重要。

想法不过如此

焦虑的想法随时可能入侵，无论是我们醒时还是睡着时，因为它们源自我们的大脑，而我们的大脑是从不休息的。当你睡着时，它们可能让你惊醒过来，而白天的时候，它们可能会让你产生焦虑感。

真的有焦虑的想法时，你可以选择合适的时候去感受和面对。不要对它们不管不顾，正视这些想法，并决定什么时候面对并处理它们。如果你按我之前建议的那样，培养了惯常的体力活动习惯，并正在进行活动，那就是最好的。不要想“我不想思考这个问题”，而是告诉自己“我现在不想思考这个问题，我将在明天‘我的时间’思考这个问题”。还要提醒你自己这样一个事实——想法，不过就是想法而已。它们无法伤害你！它们在你的头脑之中，无论你对状况做出了怎样的判断，这仅仅是你的想法而已。

此外，让你睡不着的不是想法，而是想法所引出的情绪。你可以将任何想法都当成“思维训练”，就像假装在看电影一样，就让它随机播放，然后观察，判断在哪个特定的点上你会变得激动，但不要真的让情绪激动起来，而是重新去睡觉。

白天的时候，你可以提醒自己，任何想法都伤害不了你。由于你的理性大脑在工作，无论是思考你的购物清单，还是思考你让自己觉得尴尬的事情，都没有差别。在这两种情况下，思考只是意味着你的神经元开始运转了。这种运转让你产生的情绪和感受，则产生在你大脑中一个完全不同的、更为原始的一个部分右脑之中。

抑制情绪活动的唯一办法，就是让掌管理性思维的大脑结构参与进来，对控制任何情绪都可以起作用。不要约束掌管理性思维的大脑结构，没有人知道它会将你带向何方。

放松训练

如果你晚上睡觉会醒，或者很难入睡，那就试试渐进式肌肉放松这个方法。关注你身体的每一块肌肉，从脚上开始，一直到头部。先收缩每一块肌肉，然后放松，一次一块。然后伸展这块肌肉，并放松。你可能会惊讶于你所发现的所有肌肉，并从未想过自己有这么多肌肉。

作为对比，想象你的双脚、双腿、手臂和头变得非常沉重，10 秒之后再放松它们。

你也可以用冷热做对比。任何方式的对比都行，但结束的时候应该是让你觉得轻松温暖。